VOCÊ PODE TUDO

VOCÊ PODE TUDO

persistência, paixão e apetite para transformar sonhos em realidade

JOSÉ CARLOS SEMENZATO

Editora Nacional

Diretor-presidente:
Jorge Yunes
Gerente editorial:
Luiza Del Monaco
Editoras:
Gabriela Ghetti, Malu Poleti
Assistentes editoriais:
Júlia Tourinho, Mariana Silvestre
Suporte editorial:
Nádila Sousa
Estagiária editorial:
Emily Macedo
Coordenadora de arte:
Juliana Ida
Assistente de arte:
Vitor Castrillo
Gerente de marketing:
Claudia Sá
Analista de marketing:
Flávio Lima
Estagiárias de marketing:
Carolina Falvo, Mariana Iazetti
Direitos autorais:
Leila Andrade
Preparação de texto:
Alba Milena, Augusto Iriarte
Copidesque:
Malu Poleti
Revisão:
Tulio Kawata, Mel Ribeiro
Imagem de capa:
Guido Ferreira
Gerente comercial:
Cláudio Varela
Coordenadora comercial:
Vivian Pessoa

Economídia

Direção geral:
Luis Fernando Klava
Entrevistas:
Tom Cardoso, Marcelo Monteiro
Textos:
Marcelo Monteiro
Design:
Rodrigo Grola, Jonata Silva, Renan Graziano
Divulgação:
Ruhama Rocha, Kamila Garcia, Clarissa Ferrasoli, Beatriz Nogueira, Flavio Faria, Gustavo Magaldi, Izabela Ares
Marketing:
Marcel Magalhães, Juliana Possas
Conceito:
Tâmara Wink, Carlos Jorge, Aluísio de Paula
Administrativo:
Raquel Secco, Diego Menezes, Gabriele Bueno
BI:
Juliana Pedigone

NACIONAL

Rua Gomes de Carvalho, 1306 – 11º andar – Vila Olímpia
São Paulo – SP – 04547-005 – Brasil – Tel.: (11) 2799-7799
editoranacional.com.br – atendimento@grupoibep.com.br

À minha mulher, Samara, que em todo o tempo esteve
ao meu lado e acreditou nos meus sonhos.
Aos meus filhos, Bruno e Beatriz, que em alguns momentos
dessa trajetória tiveram dúvidas, mas que hoje não só
vivem essa jornada comigo, mas estão determinados a dar
continuidade a essa história.

Jamais poderia deixar de agradecer a todos os meus
sócios, máster franqueados, franqueados, fornecedores e
colaboradores. Sem vocês, eu jamais teria chegado até aqui.
Que venham os próximos vinte anos. Que possamos
continuar realizando sonhos – nossos e de outras pessoas.

SUMÁRIO

PREFÁCIO
9

INTRODUÇÃO
11

CAPÍTULO 1
O SEU PASSADO É A CHAVE PARA QUEM VOCÊ É HOJE
15

CAPÍTULO 2
ALINHE FÉ E VALORES AO SEU NEGÓCIO
28

CAPÍTULO 3
FAZER O NECESSÁRIO PARA CONQUISTAR ALÉM DO PLANEJADO
42

CAPÍTULO 4
GRANDES NEGÓCIOS JÁ NASCEM COM O DESEJO DE SER GRANDES
54

CAPÍTULO 5
QUANDO O SONHO VIRA PESADELO: A FALÊNCIA
66

CAPÍTULO 6
A "FACULDADE DO POBRE"
76

CAPÍTULO 7
A CRISTA DA ONDA
88

CAPÍTULO 8
EXPANDINDO HORIZONTES
96

CAPÍTULO 9
MUDAR OS CAMINHOS: SABER DESAPEGAR
104

CAPÍTULO 10
A VIDA NÃO É SÓ TRABALHO
114

CAPÍTULO 11
PASSANDO O BASTÃO
122

CAPÍTULO 12
UM TIME RENOVADO E ANTENADO
138

PREFÁCIO

Eu tenho o prazer de conviver com o José Carlos Semenzato, de chamá-lo de amigo e de compartilhar da sua visão empreendedora, da sua incrível capacidade de liderar pessoas, da sua coragem de tomar riscos e impressionantes valores filantrópicos em produzir impacto. Tem sido uma extraordinária jornada em conjunto.

Quem conhece um pouco da trajetória do Semenzato sabe como a sua vida está intimamente ligada ao tema da educação. A começar pela Microlins, que ainda nos anos 1990, muito antes de se converter em pedra angular da SMZTO, já promovia inclusão digital nos quatro cantos do país.

O José Carlos figura pública, aquele que muitos de nós conhecemos pelos programas dominicais na TV, também sempre vinculou sua imagem à doação de cursos profissionalizantes e à geração de oportunidades para quem mais precisa.

O que aprendemos lendo este livro é que a educação foi fundamental para seu próprio sucesso pessoal e profissional. Foi pela insistência de sua mãe que ele se dedicou aos estudos em vez de acompanhar o pai na construção civil.

Preservando a ética do trabalho duro, que ele experimentou ainda menino no canteiro de obras, José Carlos pôde superar as origens humildes, vivendo numa casa de um cômodo na periferia de Lins, interior de São Paulo, e construir um império milionário.

Essa talvez seja a maior lição que o jovem leitor pode tirar deste livro: com esforço, resiliência perante as dificuldades e espírito empreendedor, além de aproveitar as oportunidades certas, o caminho do sucesso está aberto a qualquer um.

José Carlos soube abraçar as chances que a vida lhe deu. Fiel a uma trajetória marcada pela solidariedade, ele trabalha hoje para que cada vez mais pessoas tenham essas oportunidades.

Por isso ele é tão ligado à Gerando Falcões, por entender que enquanto a pobreza nas favelas existir, o Brasil fica privado de conhecer incontáveis novos talentos, gente empreendedora que, com o empurrão certo, é capaz de oferecer novos produtos e serviços para a sociedade e construir sua própria história de sucesso.

José Carlos conta que aos dez anos já sonhava com um futuro grandioso. Ele não entendia direito o que era dinheiro, investimento, poder aquisitivo, o que era ser rico ou pobre, mas já cultivava na sua mente, como ele mesmo diz, "a semente da realização".

Que este livro inspire muitos outros jovens da periferia a plantarem suas próprias sementes de realização.

Edu Lyra, CEO da ONG Gerando Falcões

INTRODUÇÃO

Não esqueça as suas origens, o lugar de onde veio. Esta frase me acompanhou durante toda a minha trajetória, como você vai saber neste livro. Muito mais do que contar a minha vida, os sucessos e fracassos que vivi, aqui reúno o que aprendi para chegar onde cheguei.

Há quem diga que o processo até a conquista é muito mais importante — e gostoso — do que a conquista em si. Eu concordo e discordo disso na mesma proporção. O processo é, sim, fundamental, e saber aproveitá-lo, apreciar o percurso até alcançar um objetivo é valiosíssimo, mas não se pode excluir o sabor da conquista. Conquistar, ganhar, fazer acontecer, ter a sensação de dever cumprido e de ter tomado a decisão certa entre tantas erradas é crucial para continuar alcançando mais e mais objetivos.

É por entender que as realizações se constroem diariamente, à medida que evoluímos, que decidi reunir neste livro o percurso que me transformou no empreendedor e empresário que sou, para que você possa reconhecer os elementos da sua própria história que vão ajudá-lo a atingir o próximo nível em sua busca pelo sucesso.

> Não esqueça as suas origens, o lugar de onde veio.

Não pense você que este é um livro recheado de sucessos e decisões acertadas. Ao contrário, há uma infinidade de erros e passos mal calculados em minha vida que foram essenciais para que eu chegasse até aqui. Se você quer ser um grande empreendedor, dono do seu próprio negócio, com uma conta bancária de dar inveja, precisa aceitar que errar faz parte do processo e que assumir os erros ajuda — e muito — a evitar que eles se repitam.

Este livro começa onde a minha história começa: com minha família. A minha história não seria a mesma sem ela. Simplesmente não posso excluir a base do que acredito ser essencial para fazer negócios. Foi no coração da minha família, no convívio com os meus pais, avós e demais parentes, que entendi o poder do trabalho, que aprendi a fazer acontecer, a me posicionar em público. Por isso, vou apresentar a você aqueles que vieram antes de mim para então contar a minha história e tudo o que aprendi até agora.

Prepare-se para mudar o seu jeito de encarar os negócios.

CAPÍTULO I

O SEU PASSADO É A CHAVE PARA QUEM VOCÊ É HOJE

Mil novecentos e noventa e quatro foi um dos piores anos da minha vida. Em agosto, seis meses depois da entrada em vigor do Plano Real, eu estava à beira da falência. Dormia cedo à noite e, involuntariamente, acordava por volta das cinco horas da manhã pensando em como solucionar a situação.

Ninguém discorda que o real propiciou um novo ciclo para o Brasil. Mas, para mim, aquele foi um período terrível, um dos mais penosos pelos quais passei em minha trajetória como empreendedor.

Até ali, tudo ia muito bem. Mas a adoção da nova moeda, atrelada a uma política de juros altos, se transformou num verdadeiro pesadelo tendo em vista as prestações do leasing dos computadores que eu havia comprado para a Microlins, a minha empresa de cursos profissionalizantes.

Embora o país houvesse entrado em deflação, com as parcelas sendo reduzidas, os juros do financiamento subiam como nunca, atrelados ao dólar. Assim, a cada mês, o valor das mensalidades ficava menor, ao passo que a dívida aumentava. Com isso, os financiamentos com os bancos ficaram impossíveis de quitar.

O fato de saber que eu não era o único afetado não me consolava. Na verdade, me deixava mais desesperado ainda. Assim como eu, muitos empresários haviam feito compras pelo mesmo sistema de crédito que eu tinha usado para adquirir os computadores da Microlins, e íamos todos para o mesmo caminho: a falência.

Mesmo a rede já contando com 17 escolas, cheguei a não ter dinheiro para pagar o aluguel dos prédios nem os professores, quanto mais as despesas acessórias do negócio. Naquele momento, a minha frustração era inteiramente depositada na alta dos juros. Como isso tinha acontecido? Não sabia explicar, mas o fato era que 100% da receita da empresa era consumida pelos juros das parcelas.

Em determinado ponto, um oficial de justiça bateu à minha porta para cumprir um mandado de penhora dos meus bens.

A situação era tão difícil que, certa vez, no trajeto de São Paulo a São José do Rio Preto, onde eu e minha esposa morávamos, não pudemos parar para lanchar na estrada porque, se o fizéssemos, faltaria dinheiro para o pedágio — sim, ou comíamos ou seguíamos viagem. Imagine a situação: eu e minha esposa com fome, mas sem condições de parar em um posto para comprar duas coxinhas de frango que fossem. Mais adiante você vai entender a ironia do destino.

A vida me colocava à prova. No entanto, nada acontece por acaso, e eu já tinha essa consciência.

Havia duas opções. A primeira era fechar todas as escolas, enfrentar a fúria dos alunos, os problemas na esfera do direito do consumidor e as cobranças dos bancos, tudo isso sem a perspectiva de um negócio futuro que me permitisse pagar as dívidas. A segunda era continuar apostando no meu trabalho.

Perdi o nome, a conta no banco, o crédito, mas não o sonho.

Foi o desejo de dar a volta por cima e de garantir dias melhores para mim e para minha família que me manteve determinado em resolver o problema.

> **Perdi o nome, a conta no banco, o crédito, mas não o sonho.**

E o fato de não ter nada — então não havia muito o que perder — me fez ficar ainda mais corajoso. Não só não fechei as escolas, como coloquei em prática a ideia de transformar a Microlins em um franchising. A estratégia era não perder a minha única fonte de renda.

Meu sucesso no empreendedorismo começou com um grande erro, aquele que talvez seja o maior fracasso da minha história. Não tenho a menor vergonha de abrir o livro com essa história, porque os elementos que me vêm à mente quando retorno a esse período são: foco, determinação, coragem, resiliência, superação e, sobretudo, trabalho.

Foco, determinação, coragem, resiliência, superação e, sobretudo, trabalho.

A jornada para o sucesso

Se você quer aprender um pouco sobre empreendedorismo, me acompanhe na jornada pelos anos cruciais da minha vida, desde o menino que vendia coxinhas para ajudar nas contas de casa à condição de um dos principais empresários do franchising brasileiro.

Entre esses dois momentos, muita água passou por baixo da ponte; foram inúmeros os dias em que precisei me desdobrar para superar dificuldades. Mas uma conclusão eu posso adiantar: nada é impossível para quem sonha e trabalha.

Nada é impossível para quem sonha e trabalha.

Não pense que foi fácil. Não pense que será fácil. Eu não desejo que, para se tornar um grande empreendedor, você passe por uma falência, que precise contar o dinheiro do almoço para comprar o jantar; o que quero é que perceba o quanto a sua própria história molda você no caminho para se tornar quem quer ser.

Valorize as suas origens se quiser alcançar o sucesso.

Valorize as suas origens se quiser alcançar o sucesso.

Eu não me tornei assim sozinho, antes de mim vieram outros

Filho de um pequeno empreiteiro, José Pereira Semenzato, e de uma dona de casa, Alzira Vieira Semenzato, nasci em 23 de março de 1968, em Cafelândia, a 23 quilômetros de Lins. E foi nesta última cidade, para onde minha família se mudou quando eu tinha 2 anos, que comecei a seguir os passos do meu avô paterno, Albino Semenzato, um filho de imigrantes italianos chegado ao Brasil em 1925.

Como a imensa maioria dos imigrantes vindos da Itália até as duas primeiras décadas do século xx, a minha família acabou se assentando no interior paulista em razão das fazendas de café espalhadas por ali. Décadas depois, ao lado dos irmãos Angelina e Lino, o meu avô adquiriu um pequeno sítio e acabou fincando raízes no centro-oeste do estado.

A improvável aliança transcontinental entre brasileiros e italianos começou na década de 1880. Do lado de cá do oceano, fazendeiros enfrentavam falta de mão de obra após a abolição da escravatura, em 1888. Do lado de lá, trabalhadores passavam por grandes privações em razão da crise generalizada na Europa e da decorrente falta de oportunidades de trabalho.

O sítio de meu avô Albino e dos irmãos Angelina e Lino ficava em Bacuriti, município nas proximidades de Cafelândia. Na pequena propriedade comprada pelo trio a custo de muito suor, a rotina era a mesma de segunda a segunda: trabalho na roça de sol a sol, plantando café e arroz; aos sábados e domingos, nada de passeios pela cidade — um cotidiano que eu, então com 8 ou 9 anos de idade, apenas observava.

Algumas vezes por semana, vô Albino saía de Bacuriti para Lins, de ônibus, com grandes e transparentes sacolas de náilon para vender carne de boi, de galinha e de porco, além de queijos e ovos caipiras. O caminho não era aleatório. Ele tinha uma estratégia: primeiro, passava pelas casas levando a tiracolo os produtos menores, incluindo algumas galinhas vivas, e registrava mentalmente os pedidos de encomendas maiores, como cortes de boi e porco; depois, retornava a Bacuriti, onde abatia os animais de maior porte e preparava os pedidos a serem levados aos clientes na segunda viagem. Só então voltava para Lins, agora com os cortes para cada comprador. Uma aventura — mas nada comparável à travessia atlântica de anos antes.

De cabeça, além dos pedidos, meu avô sabia exatamente quanto cada cliente havia ficado devendo na última passagem. As dívidas eram honradas pela palavra ou, para usar uma expressão típica de idos tempos, "no fio do bigode".

Fazia a conta na hora. A vida, definitivamente, não era fácil. Mas é de exemplos que se faz a pessoa; ali, na roça, eu via o trabalho acontecer e, mais que isso, o desejo de viver melhor, de mudar as coisas e de tornar mais confortável a vida de todos ao redor. Com seu exemplo, meu avô me mostrava uma das mais importantes regras das vendas:

Saiba o que você vende, para quem você vende e o quanto você cobra e recebe pelo seu produto para continuar vendendo sempre.

Saiba o que você vende, para quem você vende e o quanto você cobra e recebe pelo seu produto para continuar vendendo sempre.

O meu avô não se autodenominava empreendedor, até porque essa palavra nem existia, mas ele sabia fazer negócios e, fundamental, sabia cobrar pelo seu produto. Não ter medo de cobrar é essencial para não deixar esvaziar o caixa da empresa.

> Não ter medo de cobrar é essencial para não deixar esvaziar o caixa da empresa.

O empreendedorismo herdado por mim também existia em alguma medida na personalidade do meu pai. Quando nasci, ele era fotógrafo e ganhava um salário mínimo por mês. Anos depois, virou laboratorista na Foto Euclides, uma das maiores empresas do ramo em Lins.

Com isso, começou a construir a casa da família, de apenas um cômodo, na Vila Cinquentenário, um dos bairros mais pobres e desprovidos de infraestrutura da cidade. Sem descarga, à moda antiga, o precário banheiro ficava do lado de fora.

Depois de meses de trabalho, orgulhoso ao ver a casa pronta, ele enxergou na façanha a porta para um novo futuro profissional. E decidiu que daquele dia em diante ganharia a vida com a construção civil. Assim, de um dia para outro, pediu demissão da Foto Euclides e passou a atuar como empreiteiro, liderando a execução de obras, sempre contratando dois ou três pedreiros para auxiliá-lo.

Foi nessa época, aos 10 anos de idade, que tive a minha primeira experiência profissional, como ajudante de pedreiro. Por várias vezes, depois que eu chegava da escola, meu pai me levava para ajudá-lo a carregar tijolos. Hoje, sei que não foi somente a minha primeira experiência de trabalho,

> Meu pai não teve medo, vislumbrou uma oportunidade após ser bem-sucedido numa ação individual e decidiu investir naquilo em que acreditava.

mas também uma grande lição de empreendedorismo: não se deve ter medo de arriscar. Meu pai não teve medo, vislumbrou uma oportunidade após ser bem-sucedido numa ação individual e decidiu investir naquilo em que acreditava.

Não ter medo de arriscar e confiar nas próprias ideias deve ser o DNA do empreendedor

Nas obras, meu pai colocava a mão na massa, literalmente. Apesar da pouca escolaridade — ele estudou somente até o terceiro ano primário —, era esforçado, dedicado, sabia fazer orçamentos, aprendia as questões técnicas da construção no dia a dia e, para completar, tinha grande capacidade de liderança. Apesar do temperamento explosivo, tinha um grande carisma e facilidade para se expressar e lidar com as pessoas.

Não importa como é a sua personalidade, se é tímido, nervoso, estressado, alegre ou extrovertido; para empreender, você precisa saber falar sobre você, sobre o seu produto, com o seu cliente e com os seus parceiros.

Se não possuir a capacidade de se comunicar, de encantar as pessoas, se não tiver carisma, o empreendedor se apaga. Se você me acompanha na edição do *Shark Tank Brasil*, deve ter assistido a diversos pitches. Pois bem, é fundamental que você saiba explicar em poucas palavras o que é o seu negócio.

> **O QUE É PITCH?**
>
> Uma breve apresentação (de três a cinco minutos) cujo objetivo é despertar o interesse da outra parte (investidor, cliente) pelo seu negócio. Assim, além de conter apenas as informações essenciais e diferenciais sobre o negócio, a apresentação deve ser envolvente, interessante e encantadora.

A inquietação e o desejo de evoluir moviam meu pai, que, em suas empreitadas, aprendeu a ler as plantas elaboradas por engenheiros e arquitetos. Volta e meia, nós o víamos em casa com uma régua de equivalência de planta, transformando as medidas em metros cúbicos e elaborando orçamentos e prazos. Foi dessa forma que em pouco tempo, apenas dois ou três anos, ele se transformou em um dos maiores empreiteiros de Lins, chegando a empregar cerca de trinta funcionários.

Imagine se ele tivesse tido medo de arriscar? Ele arriscou, acreditou em seu sonho e se comprometeu a seguir em busca de seu objetivo. Não basta arriscar e acreditar nos seus sonhos se você não trabalhar para conquistá-los.

É preciso ambição para ir além

Meu pai tinha praticamente tudo o que precisava para ser um grande empresário. Praticamente. Além de um pouco mais de escolaridade e apesar de, como mencionei até aqui, ser muito esforçado e dedicado, talvez lhe faltasse ainda um pouco mais de ambição — falaremos mais sobre isso no Capítulo 2. Em dado momento, seus negócios iam verdadeiramente bem — muito melhor do que a mais otimista versão dele talvez tivesse projetado. Mas, quando as empreitadas passaram a render mais que o necessário para o sustento da casa, ele voltou a atenção a outro aspecto que julgava importante em sua vida: a espiritualidade.

Meu pai passou a desejar muito mais a ideia de ser um pastor evangélico do que um empresário de sucesso. Com a situação financeira estabilizada, sua missão e seu propósito de vida passaram a ser ajudar os necessitados, visitar hospitais e orar pelos doentes.

Para ele, a conquista de uma vida melhor e mais confortável para a família era o suficiente. Sua ambição havia encontrado um limite. E eu não vejo erros na história do meu pai. Ao contrário, só há inspiração. E a minha história é reflexo da história de quem veio antes de mim.

O empreendedorismo que vive em mim tem suas raízes na história da minha família e nos ensinamentos que ela me deu.

O empreendedorismo se aprende, mas também se recupera; por isso, acredito que olhar para a própria história é crucial para empreender. Olhe para a sua história e tente identificar os pontos de virada que fizeram você ser o indivíduo que é hoje. Há mais na nossa história do que costumamos imaginar.

1. **NEGÓCIO SE FAZ COM RESILIÊNCIA.** As dificuldades vão aparecer, mas sempre há uma saída se você for resiliente.
2. **ENTENDA O QUE ACONTECE NO SEU NEGÓCIO.** Conhecer o cliente, saber o que ele compra, o quanto paga e o quanto deve é o que mantém a empresa com caixa ativo.
3. **NÃO TENHA MEDO DE ARRISCAR.** Isso é fundamental para crescer, e calcular o risco é agir com cautela para que os sonhos se realizem.
4. **TRACE OBJETIVOS.** E trabalhe até alcançá-los, esse é o caminho para a mudança de vida.

5. **REALIZE SONHOS.** Assim, abrirá espaço para que um novo sonho seja realizado. É isso o que mantém você vivo.

6. **LEMBRE-SE DE SUAS ORIGENS.** Para melhorar sua vida, orgulhe-se de suas origens e siga sua história.

7. **NEGÓCIO SE FAZ COM COMUNICAÇÃO.** Saiba vender. Saiba se vender. A sua oportunidade pode estar diante de você, não a desperdice.

8. **FÉ E NEGÓCIOS EM COMUNHÃO.** Alinhe a sua fé aos seus planos materiais para manter a cabeça e o coração tranquilos.

CAPÍTULO 2

ALINHE FÉ E VALORES AO SEU NEGÓCIO

Mais ou menos durante a época em que comecei a trabalhar na empreiteira do meu pai, uma grande tempestade atingiu a cidade de Lins. O vento forte destelhou a nossa casa. Minha mãe, minha irmã e eu nos protegemos debaixo da mesa e, muito assustados, vimos a chuva e as pedras destruírem o pouco que tínhamos.

O episódio foi tão marcante que, dias depois, minha mãe disse para o meu pai que não era aquela a vida desejada para seus filhos. O pedido implícito na fala da minha mãe se transformou na meta do meu pai e, consequentemente, também na minha. A maior tragédia das nossas vidas passou a servir de motivação para nossa nova realidade. Naquele momento, uma única coisa nos movia: mudar o que não ia bem. E o que não ia bem, inevitavelmente, era o modo como vivíamos e como geríamos o ganho do nosso trabalho. Afinal de contas, meu pai era dono de construtora e não tinha sequer uma casa forte e boa o suficiente para resistir a uma tempestade. Precisávamos mudar.

Uma casa destruída, uma família desamparada, um pai desesperado e uma mãe focada em fazer diferente. Esses foram os deflagradores dos meus planos para o futuro.

Daquele dia em diante, meus pais passaram a vislumbrar um futuro diferente para a nossa família, e, para alcançá-lo, o nosso presente precisava mudar. Assim, eles direcionaram todos os esforços e seus poucos recursos para a educação e a formação profissional dos filhos. Desde então, fui acompanhado à escola com muito zelo, carinho e amor. A escola era o meu lugar, e os meus pais não abriam mão disso. O sonho da minha mãe foi grande e mudou a minha vida.

Não negligencie a educação e as oportunidades de aprender sobre qualquer assunto. Você não sabe o que o futuro reserva, mas pode se preparar para que ele seja melhor do que o seu presente.

Diferentemente de meus avós paternos, com os quais tive o prazer de conviver por muitos anos, tive pouca convivência com os meus avós maternos — ambos morreram de problemas no coração muito novos. Ainda assim, minha mãe passou para os filhos os ensinamentos deles. Em geral, meus pais se complementavam e se davam muito bem. Meu pai, com a educação à moda italiana, era durão; já minha mãe, com o saudável hábito de evitar conflitos e buscar o consenso, era quem dava o equilíbrio na casa. E foi ela quem me deu um caminho; ela foi o divisor de águas entre a educação mais rígida que meu pai herdou do pai dele — e que deu certo, pois o manteve na linha — e uma educação mais leve.

Isso tudo me influenciou muito. Durante a adolescência, aos 14 anos, mais ou menos, tive enfrentamentos com meu pai, os quais provocavam nele certa ira. Eram motivados por coisas muito banais. Por exemplo, às vezes, no final do dia, eu queria sair e ele simplesmente não permitia, ainda que eu cumprisse minhas obrigações com os estudos e também o trabalho. Na realidade, não havia motivos reais para esses desentendimentos. Hoje, consigo entender que sua postura era uma cicatriz do sofrimento vivido na infância.

Ao mesmo tempo, meu pai sempre concordou com a ideia da minha mãe de que eu deveria buscar um caminho diferente. Isso é muito interessante porque, por mais que os dois fossem

Não negligencie a educação e as oportunidades de aprender sobre qualquer assunto. Você não sabe o que o futuro reserva, mas pode se preparar para que ele seja melhor do que o seu presente.

distintos no modo de pensar e de agir, nunca disseram "não" a minha intuição para construir um futuro melhor. Eu quis fazer um curso de computação aos finais de semana e depois busquei meu primeiro emprego fora do negócio da família, e meu pai nunca se opôs a essas decisões. Fui fazer o curso técnico de computação e percebi que grandes sonhos podem ser conquistados se você trabalhar para que eles aconteçam. O apoio dos meus pais foi fundamental para que eu pudesse traçar os meus planos.

Naquela época, eu tinha um único propósito: ter uma vida melhor. Hoje, sei reconhecer que, sem aquela experiência na minha infância, não teria me tornado o que me tornei.

Esse ensinamento se conecta com o que falo no capítulo anterior. Valorizar o passado é a chave para construir um presente sólido e um futuro melhor. Minhas decisões foram um balanço intuitivo entre seguir meus sonhos e me apoiar na experiência e educação provida por meus pais.

Negócios não existem sem fé

Nesse contexto familiar de muitas dificuldades e esforço, a religião sempre foi uma espécie de bússola em minha vida. Era o que nos fazia confiar que aquela situação passaria. Meus pais eram muito religiosos. Iam para a igreja quase todos os dias, e eu os acompanhava, mesmo às vezes sem muita vontade. O cansaço do dia a dia não nos desmotivava a procurar apoio na fé e nas palavras de Deus. Acredito que tenha vindo daí, dessa entrega, a minha capacidade de mentalizar o que desejo alcançar.

Aos 10 anos, mais ou menos, eu tinha muitos sonhos. Ao acordar, ficava mentalizando grandes conquistas para o futuro. Talvez ainda não entendesse bem o que era ser rico e o que era ser pobre. Não compreendia o que era ter poder para comprar, para adquirir coisas grandiosas, nem o que era ter dinheiro limitado. Porém, construía mentalmente cenários maravilhosos, todos relacionados ao sucesso profissional, à conquista de bens. Foi nessa época que plantei a semente da realização, uma motivação muito forte que me levou a trabalhar muito, de catorze a dezesseis horas por dia, na busca dos meus sonhos.

Independentemente da religião ou do modo de manifestar a fé, há um ponto que quem deseja seguir o caminho dos negócios precisa desenvolver: a capacidade de acreditar na realização. É preciso sonhar, idealizar, mentalizar o que você deseja conquistar para que as suas ações se moldem aos planos. Sem sonhos, não há realização. Por isso, não tenha medo de sonhar, de pensar alto, pois só assim você dará o primeiro passo para ter algo diferente do que tem hoje.

> Não tenha medo de sonhar, de pensar alto, pois só assim você dará o primeiro passo para ter algo diferente do que tem hoje.

Trabalho não é vergonha. Nunca

Desde pequeno, meu foco estava em conquistar um futuro diferente; em ter coisas, mesmo não sabendo exatamente o que isso significava. O que eu tinha à disposição era a capacidade de fazer acontecer e o exemplo empreendedor do meu pai e do meu avô. E foi com isso que dei os primeiros passos no caminho das vendas. Precisava ajudar em casa, mas isso não era a minha única motivação. Queria ter um futuro diferente. E isso é o que muda de uma pessoa para a outra — como falarei em mais detalhes no Capítulo 3.

Com 12 anos, movido pelo incentivo de minha mãe e inspirado por meus sonhos, passei a vender salgadinhos para complementar a renda da família. Seguindo os passos do meu vô, passei a "mascatear" pelas ruas de Lins, mas, em vez de porcos, ovos caipiras e queijo, eu vendia as coxinhas de galinha preparadas pela minha mãe. Todo dia, montado em minha Monareta vermelha, saía com pelo menos duzentos salgados, que rendiam um valor equivalente a seiscentos reais em valores de hoje em dia.

Não demorei a colocar em prática o que queria ser, e já visualizava cada vez mais próximos os grandes sonhos que queria alcançar. Nessa época, comecei a pensar em quem pretendia me tornar no futuro. Passei a me imaginar como alguém que iria deixar um legado e que conseguiria dar conforto para a família. Queria ser alguém capaz de realizar os sonhos dos meus filhos. E tudo isso eu sonhava enquanto ainda era um vendedor de coxinhas.

No fim das contas, não importa o que você faz, o que você vende nem quanto ganha. O que importa é o que você planeja alcançar.

> **Não importa o que você faz, o que você vende nem quanto ganha. O que importa é o que você planeja alcançar.**

Saiba para quem você vende e o que o seu cliente deseja

Eu era um ótimo vendedor de coxinhas; independente da quantidade de coxinhas que levasse para vender, na volta para casa, ao fim do dia, eu tinha vendido todas. Por que isso acontecia? Eu era determinado e não aceitava retornar para casa com sobra de produto, mas, mais do que isso, eu fui capaz de identificar o desejo dos meus clientes. E é isso o que você tem de fazer.

É claro que eu não consegui essa proeza de voltar para casa sem coxinhas desde o primeiro dia. Demorei certo tempo para atingir a marca de 100% de aproveitamento.

As coxinhas eram vendidas principalmente para o pessoal que trabalhava nas obras realizadas pela empresa do meu pai. Às vezes, em duas ou três obras, eu zerava um cesto de salgados e então tinha que voltar para casa e encher o cesto de novo. Lembre-se de que naquela época não existia a facilidade de comunicação que temos atualmente. Na época, eu tinha que voltar para casa, falar com a minha mãe, esperá-la fritar mais coxinhas e depois sair de novo.

Eu era um jovem entusiasmado com as vendas em constante crescimento, mesmo que houvesse contratempos. Me lembro de uma vez ter caído da ponte no rio Campestre, mas dei um jeito de salvar toda a produção.

Sem perceber, em episódios como esse, eu ia entendendo a importância da resiliência. Enquanto meus amigos naquela época estavam brincando ou estudando outros idiomas, eu estava aprendendo a ganhar dinheiro logo cedo. Eu poderia ter desistido a cada tropeção, a cada fornada queimada, a cada dia de chuva em que as vendas eram reduzidas pela metade, a cada alta de preço do gás e dos ingredientes, mas não: eu seguia confiante e me fortalecia a cada dificuldade porque tinha um objetivo — vender para mudar o meu futuro — e nada me desviava dele.

> Eu seguia confiante e me fortalecia a cada dificuldade porque tinha um objetivo.

Embora a maioria da clientela fosse de trabalhadores da construção, o universo de compradores era grande. Eu passava por marcenarias, igrejas, fábricas. Onde tinha gente trabalhando, eu entrava e fazia ali a minha freguesia. É claro que valia muito a minha persistência; afinal, eu recebia muitas negativas — "Aqui não pode vender". Mas na maioria das vezes recebia o "sim".

Tem uma coisa que carrego comigo desde essa época: ninguém vende absolutamente nada com tristeza. Não se consegue vender algo com melancolia, com cara de choro. Então, a primeira coisa a fazer ao sair de casa é externar a felicidade, estampar um sorriso e mantê-lo sempre aberto.

> Ninguém vende absolutamente nada com tristeza.

Ser feliz é o primeiro requisito para se tornar um grande vendedor.

Acredito que a felicidade vem do desejo de realizar um sonho grande. Se você não tiver um norte que te inspire, não terá combustível para alcançá-lo. Então, entendo que o sonho é o combustível para que se possa correr atrás de realizar alguma coisa e ser feliz.

Não desistir dos seus sonhos e não perder a alegria de vender o seu trabalho é o que vai levar você a conquistar o que deseja.

Em poucos meses de trabalho vendendo os salgados, com muitas ideias se construindo e se consolidando em um aprendizado intenso e diário, acabei por fazer uma clientela incrível. Tamanho foi o sucesso da produção caseira de coxinhas que, em 1981, minha mãe conseguiu comprar um Fusca 1962. A partir de então, os meus sonhos só aumentaram.

Nessa mesma época, comprei uma bicicleta de marchas, que ajudou nos meus deslocamentos. Com ela, eu podia sair para vender e ir à igreja com mais facilidade, sem cansar tanto. A bicicleta pode ter tornado tudo mais fácil, mas os meus valores não mudaram, a minha fé não mudou,

> Encontre os seus valores, a sua fé e perceba a mudança nos seus negócios.

a minha resiliência e o desejo de conquistar o que queria não diminuíram. É por isso que sempre digo: encontre os seus valores, a sua fé e perceba a mudança nos seus negócios.

1. **CONHEÇA O SEU PRODUTO.** Você pode vender o que quiser, mas só vai conseguir zerar o seu estoque se de fato conhecer o produto. Eu vendia coxinha e, portanto, tinha que saber tudo sobre o salgado, como era feito, os ingredientes, a melhor maneira de esquentar, se combinava mais com suco, refrigerante ou água, se tinha pimenta ou não.

2. **CONHEÇA O SEU CLIENTE.** De nada adianta ter um bom produto e saber falar sobre ele se você não souber quem vai comprá-lo. É fundamental conhecer o seu consumidor. No caso das coxinhas, eu precisava encontrar pessoas com fome, que queriam comer um lanche gostoso, bem-feito, prático, rápido e com um bom preço.

3. **CONHEÇA O VALOR DO SEU PRODUTO.** Reconheça o valor do seu produto e passe as informações ao seu cliente. Eu vendia a melhor coxinha, e ela era a melhor porque era feita pela minha mãe, eu sabia a procedência, conhecia os ingredientes e só vendia produtos frescos.

4. **COBRE PELO QUE VENDE.** Se comprou, o cliente precisa pagar. Não há vergonha em cobrar. Sem receber do cliente, não há como uma empresa crescer.

5. **INVISTA.** Foque em aumentar a produção. Eu vendia muitas coxinhas por dia. Com o tempo e com o crescimento das vendas, consegui subir a produção, pagar as contas de casa e ainda poupar um dinheiro para o futuro que eu queria construir.

6. **VENDA EM TODAS AS OPORTUNIDADES POSSÍVEIS.** Claro e objetivo: venda sempre, e sempre ganhará dinheiro. Eu vendia coxinhas todos os dias e não tinha medo ou vergonha disso.

DEPOIMENTO

UM HOMEM INQUIETO E DETERMINADO

Na adolescência, na igreja, conheci uma garota chamada Samara. Começamos a paquerar. Trocávamos bilhetinhos e olhares e até dávamos as mãos, assim, muito sutilmente e escondidos. Samara foi a minha primeira namorada e confesso que foram os melhores dias da minha adolescência.

Zé foi amor à primeira vista. Nos conhecemos muito jovens, em uma igreja evangélica que nossos pais frequentavam. Na época, foi uma paixãozinha de criança.

Ele tocava guitarra e violão no grupo de jovens. Eu entrei no grupo, e nossa relação foi ficando cada vez mais próxima. Mas era um namorico infantil, de mandar bilhetinho — nada além disso.

No grupo de jovens, o Zé já demonstrava ter uma visão diferente da turma. Era inteligente, andava sempre arrumadinho e tinha uns papos legais. Além de ser o filho do pastor, era ele quem reunia o grupo para ensaiar. Com tudo isso, sempre se destacava entre os jovens.

Aconteceu que fomos crescendo juntos, sempre conversando, e o namorico se tornou um grande amor. Até o ponto em que, com 15 ou 16 anos, começamos a fazer planos de namorar realmente e de, mais adiante, nos casarmos.

Naquela época, não havia baladas em Lins, e nós não éramos da noite. Nosso programa era comer lanche no trailer improvisado como lanchonete da praça.

Já nessa época, o Zé era muito sonhador e fazia muitos planos. Nas cartas de namoro que me mandava, detalhava como seria nossa vida. Só faltava dizer o ano e o mês em que as coisas iriam acontecer. "Nós vamos nos casar, ter dois filhos. E, se for um casal, vamos fazer tal coisa."

Além de planejar muito, ele era ótimo em vender uma ideia — como faz até hoje. Ele vende um ideal de futuro como ninguém. Quando ele fala, você vê o coqueiro que pinta no meio do deserto e enxerga até a água dentro do coco.

Naquele tempo, confesso que eu não pensava muito no futuro; mas sabia que era com o Zé que queria construir a minha família, ter os meus filhos, e isso me bastava.

Depois, com o passar dos anos, conforme a gente se conheceu melhor, pude realmente testemunhar a poderosa veia empreendedora dele. Logo nos casamos e assim começamos a nossa jornada, aprendi muito trabalhando ao lado dele por dezessete anos na Microlins, que foi para mim uma escola onde eu aprendi a diferenciar o marido do líder empreendedor. Na empresa éramos profissionais e em casa marido e mulher. Ele sempre foi muito rígido no ambiente de trabalho e também na educação dos nossos filhos, sempre nos preparando para enfrentar o que viesse pela frente.

Depois de trinta anos de casados e mais oito de namoro e noivado, me acostumei a ter um marido ligado 24 horas por dia em tudo o que acontece. Nesses anos todos, a gente nunca tirou férias completas, mesmo quando vendemos a Microlins e ele planejou um ano sabático.

Qualquer franqueador ou franqueado pode chamá-lo a qualquer hora do dia, e ele vai responder. Na prática, é psicólogo, é empresário, é tudo. Ele se envolve com a vida das pessoas, sempre motivando os empreendedores e transformando vidas. E nunca deixa para amanhã o que precisa ser feito hoje. Além dessa pilha profissional, ele gosta de ter a casa sempre cheia. Já eu sou mais tranquila, e acho que esse equilíbrio foi o que fez a gente dar certo.

Com o passar do tempo, percebo que ele ficou ainda mais forte e resiliente do que era quando não passava de um jovem sonhador em Lins. Ouso dizer que hoje ele perdeu qualquer medo, se é que já teve algum. Medo é uma palavra que não existe para o Zé.

Se fosse resumir o Semenzato empresário, eu usaria duas palavras: inquietude e determinação.

Hoje, o maior sonho dele é contar a sua história para o mundo. O que ele mais quer é inspirar outros jovens, mostrar que é possível sair da periferia e vencer. E, conhecendo o Zé como conheço, não tenho a mínima dúvida de que, aos poucos, também esse sonho se tornará realidade.

Samara Semenzato

CAPÍTULO 3

FAZER O NECESSÁRIO PARA CONQUISTAR ALÉM DO PLANEJADO

Como já mencionei, precisei começar a trabalhar ainda muito jovem para ajudar a pagar as despesas de casa. Não houve, no entanto, um único momento em que não tenha achado isso bom. Eu trabalhava por necessidade, é fato, mas tudo o que aprendi durante esse período me preparou para realizar os negócios que tenho hoje. Naquela época, minha vida era muito corrida, quase não sobrava tempo para o lazer. Apesar disso, eu não descuidava da escola; nunca deixei a venda dos salgados, por exemplo, atrapalhar os estudos. Pelo contrário, fui um ótimo aluno. Não só prestava atenção nas aulas e tinha facilidade em assimilar o conteúdo como estudava com dedicação no tempo que tinha disponível. Eu era muito bom em matemática e em português.

Na escola ou no trabalho, nunca me faltaram entrega e determinação. Aprendi com minha mãe que a vida só se transformaria se eu estudasse, então foi o que fiz. Queria mudar e fazia o que tinha de ser feito para isso. E, assim, aprendi que não basta querer, não basta desejar algo: é preciso ter foco e determinação para conquistar. Sem foco e disciplina não se chega a lugar nenhum.

Sem foco e disciplina não se chega a lugar nenhum.

Sempre estudei em escola pública. Quando eu tinha 13 anos, minha escola foi visitada por profissionais que divulgavam cursos de informática. Imediatamente me entusiasmei com a possibilidade de aprender algo novo. Contei em casa o que tinha acontecido e logo declarei aos meus pais o meu interesse e pedi autorização para me matricular. Embora não tivéssemos dinheiro de sobra, em nossa casa o investimento em conhecimento nunca foi menosprezado; eles concordaram, e passei a frequentar as aulas aos sábados, nas quais aprendia o básico de computação. Aos poucos, fui vendo que aquilo era o que eu queria. Gostei tanto que, quando terminei o curso, já emendei outro. E não parei mais. Assim, pavimentei a estrada que mais tarde percorreria durante parte da minha vida profissional — e que me levaria ao sucesso de que desfruto hoje.

O fascínio pelo que havia aprendido e a perspectiva de crescimento naquele setor ainda inexplorado foram decisivos também no momento do ingresso no ensino médio. Com 14 anos, decidi fazer o curso técnico para me especializar em processamento de dados. Estava dentro de mim o desejo de fazer diferente e melhor. E ali, intuitivamente, entendi que a computação poderia me trazer um futuro diferente.

Tudo ainda era muito novo no que dizia respeito à informática. Na época, o armazenamento de dados era feito à base de cartões perfurados. Não existia nem CD, quanto mais as nuvens e redes de armazenamento a que temos acesso atualmente. O universo da computação me fascinava porque, ao mesmo tempo que me estimulava a estudar, já que era algo que eu gostava, me fazia vislumbrar um futuro diferente, cheio de possibilidades.

Eu conciliava os estudos com a venda de coxinhas. Porém, quanto mais eu conhecia o mundo da informática, menos o trabalho com as coxinhas me motivava. Continuava vendendo muito e tendo um bom ganho com isso, mas eu queria mais e queria explorar o novo universo que se apresentava para mim.

Aos 15 anos, consegui meu primeiro emprego formal, na Garagem Cópias, empresa de fotocópias de documentos, livros e projetos arquitetônicos. Nunca esqueci a emoção de receber o primeiro pagamento: meio salário mínimo! Uma conquista! Com ele, comprei uma bicicleta nova, uma Caloi 10, e não poderia ter ficado mais feliz. Todas as conquistas devem ser festejadas não pelo seu tamanho, mas pelo seu significado.

Todas as conquistas devem ser festejadas não pelo seu tamanho, mas pelo seu significado.

As oportunidades estão em todos os lugares, basta treinar o olhar para enxergá-las

Na Garagem Cópias, éramos aproximadamente vinte colaboradores. O fato de ser uma empresa pequena não diminuía o meu desejo de contribuir para o crescimento do negócio, o que fazia com que, apesar de muito jovem, eu me destacasse. Não tinha medo nem vergonha de fazer o que tinha de ser feito. Eu simplesmente trabalhava porque via ali uma oportunidade de crescer e de aprender na prática. Foi assim que conheci o senhor Walmir, consultor e auditor de várias empresas, considerado sisudo e metódico pelos funcionários. Certo dia, o dono da copiadora estava no balcão ajudando no atendimento, e um dos colegas foi receber o Walmir, porém ele não aceitou: "Quero ser atendido pelo Semenzato. Ao contrário de vocês, que fogem de mim, ele me trata sempre com carinho e presteza". Algum tempo depois, meu patrão, que tinha presenciado a cena, me promoveu a gerente.

Isso me fez aprender que, muitas vezes, as oportunidades são construídas pelas nossas atitudes. Meu desejo de trabalhar existia independentemente de qual era o cliente; meu foco estava em fazer o que fosse preciso. E foi essa atitude que me fez chegar a gerente sem que eu tivesse planejado alcançar o cargo.

> **As oportunidades são construídas pelas nossas atitudes.**

Ao completar 16 anos, recebi um convite do mesmo Walmir para trabalhar como digitador, analista e programador de computador em uma das empresas às quais ele prestava consultoria, a Cemarco.

O novo trabalho não era apenas um desafio — por ser novidade e por exigir de mim uma adaptação —, mas também uma oportunidade de aprender mais e de me desenvolver em outras áreas. Além disso, me colocava mais próximo dos computadores. Foi lá que desenvolvi a habilidade de trabalhar com sistemas, pois fiz a conversão para Cobol (linguagem de programação orientada para o processamento de bancos de dados comerciais) dos sistemas das diferentes áreas da empresa.

Conforme o trabalho evoluía, a minha dedicação também avançava, e mais vontade eu tinha de continuar estudando. Enquanto seguia me aperfeiçoando na teoria, evoluía rapidamente na prática. Aos 17 anos, já tinha desenvolvido softwares de controle de gado, de contas a pagar e receber e de controle de estoque. Era um mundo que me fascinava. E o salário era compensador: passei a ganhar cinco, seis vezes mais do que no antigo emprego; levando em conta que antes eu ganhava meio salário mínimo, ganhar cinco ou seis vezes mais não significava muito em termos financeiros, mas, em termos de reconhecimento e progresso profissional, era uma evolução e tanto.

Avanço nos estudos, novas oportunidades de trabalho

Após concluir o curso técnico em processamento de dados, uma proposta deu novos rumos à minha vida. O conceituado Instituto Americano de Lins me convidou para lecionar a alunos do segundo grau, o atual ensino médio. Na época, eram raros os profissionais de ensino na área de computação. Como eu tinha 18 anos, precisei de uma autorização especial da Secretaria de Educação para assumir a função.

Meu profundo conhecimento da linguagem de programação Cobol fez de mim um dos docentes mais requisitados da instituição. Na sala dos professores, havia um grande contraste entre mim, com meus 18 anos, e meus colegas, com 40 ou 50; ali eu convivia com indivíduos experientes, que levavam uma vida mais tranquila. Foi um momento mágico da minha vida, pois desenvolvi a habilidade de falar em público e tive contato com as mais diversas pessoas. Na sala de aula, conhecia jovens profissionais com o desejo de conquistar o mundo e entendi que eu podia aprender com qualquer pessoa, independentemente de idade; prometi a mim mesmo que jamais abriria mão do desejo de conquistar coisas novas.

Embora fosse novato naquela atividade, eu me sentia pronto como profissional, pela experiência que tinha como programador. Eu trabalhava o dia todo. Saía às 18h15 da Cemarco e ia direto para o Instituto Americano. A rotina de dezesseis horas ininterruptas de atividade era cansativa, mas recompensadora. Não havia tempo sequer para passar em casa e tomar uma ducha, pois as aulas começavam às dezenove horas. Mesmo assim, encontrei tempo para assumir um novo compromisso. Seis meses depois de começar a lecionar, passei a dar aulas de reforço para alunos com dificuldade de aprendizado e para jovens do comércio linense. Essas atividades eram nos fins de semana e aconteciam na padaria do meu sogro, que havia adquirido um computador para controle do estoque e do faturamento. Era nessa máquina que eu alimentava os sonhos que estavam começando a se concretizar.

A experiência em sala de aula e a convivência com alunos tão diferentes e tão jovens me forçavam a continuar trabalhando, estudando e entrando em contato com novas ferramentas, novas tecnologias e novas linguagens de programação.

Atualizar-se sempre, manter a mente em constante aprendizado: é nessa atitude que reside o catalisador do seu negócio. Com isso, você sempre estará um passo à frente da concorrência.

Nessa fase, obtive uma conquista que me marcou muito — e que me emociona ainda hoje sempre que lembro: a minha primeira motocicleta, uma Yamaha RDZ II azul. Mal sabia eu que no futuro a Microlins também teria como cor predominante o azul, assim como a própria SMZTO. Apenas coincidência, acredito.

Começava aí uma história de conquistas pessoais e de crescimento profissional. A segunda moto não tardou a ser comprada. Em pouco tempo, eu já pilotava uma Honda CBR 450 (também azul!) com uma carenagem maravilhosa. A moto era o grande lançamento da marca na época.

Negócio em escala

No ano de 1989, noivo e pensando no casamento, abri uma *software house* com mais três sócios programadores: Eduardo Crema, Wagner Rocha e Ricardo Montalvão, todos amigos e ex-colegas do colégio técnico. Nosso trato era que eu teria direito a 50% do lucro e os demais dividiriam os outros 50%. A veia empreendedora sempre se manifestou em mim. Entretanto,

Atualizar-se sempre, manter a mente em constante aprendizado: é nessa atitude que reside o catalisador do seu negócio. Com isso, você sempre estará um passo à frente da concorrência.

por segurança, não abandonei o emprego de professor imediatamente; segui dando aulas à noite. Ainda assim, como tinha liberdade para empreender, passei a ocupar o almoço com consultorias a alguns clientes. Depois das dezoito horas, seguia para a *software house* e, aos sábados, aproveitava para prospectar novos clientes.

> A veia empreendedora sempre se manifestou em mim.

No primeiro ano, a empresa tinha em torno de sessenta clientes. Pelos serviços prestados, cobrávamos meio salári mínimo de cada um. A demanda de trabalho era enorme, só que a receita era pequena e estávamos tendo dificuldade para aumentá-la. Não valia a pena tanto sacrifício para um retorno tão baixo. Percebi que o negócio naquele momento não era escalável, já que não crescia em ganhos, somente em trabalho. Daquela forma, eu jamais alcançaria o patamar que desejava. Tinha sede de criar algo que pudesse crescer. Sabia que estava no caminho certo, mas precisava dar um passo adiante.

Aqui, há um ponto interessante a mencionar: o conhecimento tecnológico impactou e facilitou — e muito — a minha jornada empreendedora. Se ainda hoje existem empresários que não entraram na internet, eu, desde muito jovem, sempre estive conectado à tecnologia. E a lógica da programação me levou a pensar de forma igualmente racional: o conhecimento na área faz com que os processos apareçam para mim na forma de fluxograma, em que cada situação ou decisão leva a um cenário ou uma decisão subsequente, o que me permite antever problemas e traçar planos muito claros considerando as diversas variáveis envolvidas em cada empreendimento. "Se der certo,

> O conhecimento tecnológico impactou e facilitou – e muito – a minha jornada empreendedora.

como posso avançar a partir de tal ponto? Se não der certo, qual caminho devo tomar?" Essa forma de pensar, desenvolvida e aprimorada desde os meus primeiros movimentos como empreendedor, me ajudou a acertar muito mais do que errar.

Olhando em retrospecto para a *software house*, me pergunto se a empresa hoje seria uma referência no mercado se eu tivesse insistido mais nela. Empresas semelhantes, como a Microsiga, a Datasul ou mesmo a Totvs, que começaram na mesma época, se tornaram grandes. No entanto, meu fluxograma mental apontou para outro caminho: havia um segmento que podia ser explorado, e eu estava preparado para colocar em prática um projeto que havia sido desenvolvido aos poucos, desde a minha escolha pela área da informática, ainda na adolescência. Depois de passar por diversos ramos do setor, do aprendizado e ensino à prática diária, entendi que deveria seguir na área de educação ligada à informática. Tinha tudo para dar certo. Bastava alimentar meu tino empreendedor. Esse era, naquele momento, o negócio que eu conseguia visualizar como escalável — e ele de fato se mostrou assim. Me tornei quem sou hoje por causa da criação da minha escola.

Se você pretende construir um negócio escalável, deve se dedicar a aprender e investir em conhecimento.

Conhecimento nunca é demais, eu garanto.

O QUE É PRECISO PARA CONSTRUIR UMA CARREIRA EMPREENDEDORA?

1. Investir em conhecimento, atentar às oportunidades que aparecem ao longo do caminho.
2. Sempre estar disposto a aprender e desenvolver o conhecimento estratégico para consolidar um negócio.

3. Cada situação ou decisão leva a um cenário, portanto anteveja os problemas e trace planos claros, considerando as diversas variáveis envolvidas.

CAPÍTULO 4

GRANDES NEGÓCIOS JÁ NASCEM COM O DESEJO DE SER GRANDES

Eu já vinha entendendo que o meu negócio era fazer negócios e criar oportunidades de ganho através do conhecimento em informática. No entanto, com a criação da *software house*, me deparei com a impossibilidade de fazer mais dinheiro com o recurso que tinha. Esse obstáculo me fez parar e olhar em perspectiva para a vida, analisando os planos futuros e o que eu tinha em mãos no presente. Desenvolver a capacidade analítica e alinhar planos e ações foi o que me permitiu rever o meu jeito de fazer negócios.

Entenda: eu não desisti de ganhar mais, de crescer mais ou de seguir adiante; apenas reavaliei o modo como vinha fazendo isso. É por isso que insisto: não tenha medo de recalcular as suas estratégias para alcançar os objetivos. É esse passo, muitas vezes, que vai aproximá-lo das suas realizações.

> Não tenha medo de recalcular as suas estratégias para alcançar os objetivos.

Antes de criar a Microlins, ainda tive a oportunidade de viver outro negócio, mais uma vez graças a pessoas que passaram pelo meu caminho. Depois de negociar a minha parte na sociedade da *software house*, fui procurado pelo senhor Walmir, meu antigo cliente na copiadora que me levou para a Cermaco. Ele propôs que montássemos uma empresa especializada em desenvolvimento de programas de computador. Eu jamais teria aprendido o tanto que aprendi antes de abrir a Microlins se não fossem os meus contatos.

Não perca a oportunidade de fazer network nem de se conectar com pessoas que atuam com algo parecido com o que você atua ou deseja atuar, pois elas sempre são colaboradores em potencial para o seu crescimento.

Aceitei o desafio do Walmir e então locamos um imóvel na cidade de Lins. Abrimos ali a WRM Informática. Éramos sócios — 50% para cada um. A clientela inicialmente era formada por escritórios de contabilidade e pequenas empresas do comércio local. Em meio ano de atividade, angariamos mais de trinta clientes. Depois, já buscando a inovação, começamos a vender computadores e acessórios, como mesas, cadeiras e formulários contínuos. Chegamos a comercializar cerca de duzentos microcomputadores por mês. Foi uma fase incrível, na qual me realizei como vendedor. No embalo, diversificamos os serviços e passamos a oferecer também assistência técnica e manutenção de computadores. A receita aumentava rapidamente, a ponto de, no segundo ano, observando a evolução do faturamento, seu Walmir ficar receoso de não conseguir controlar tamanho crescimento. Por isso, preferiu vender a sua parte na sociedade.

Eu poderia ter encarado a saída dele como um acontecimento desmotivador, um sinal para retroceder ou pausar os negócios. No entanto, resolvi lidar com a situação de outra forma. Entendi que deveria seguir o que a minha mente empreendedora e a minha capacidade analítica indicavam: a empresa estava indo bem, os negócios cresciam cada vez mais, logo eu podia confiar em mim e nos meus sonhos e seguir em expansão.

O medo é o pior inimigo do empreendedor. E só existe um jeito de afastá-lo: desenvolver a capacidade analítica. A minha

> **O medo é o pior inimigo do empreendedor.**

análise e o meu conhecimento em programação mostravam que a empresa cresceria, então, o melhor a fazer era comprar a parte do senhor Walmir.

Para montar o negócio, tínhamos gastado em torno de R$ 2,5 mil. Para vender sua parte, seu Walmir pediu uma quantia que representava pelo menos oito vezes o capital investido. Nada mais justo, diante do nosso crescimento. Não pensei duas vezes e ofereci no negócio o meu carro, um Diplomata Comodoro preto, cotado na época em R$ 20 mil. A partir daí, fiquei livre para dar saltos ainda mais audaciosos na minha carreira empresarial.

Com a saída do seu Walmir, não fazia mais sentido usar o nome WRM. Então, a WRM Informática virou Microlife, uma empresa que só revendia computadores. O sonho de montar a Microlins estava prestes a se tornar realidade.

Antes, porém, procurei ouvir os conselhos de meu antigo patrão, uma pessoa com quem aprendi muito: Amilcar Tobias, proprietário da Cermaco. Falei da minha intenção de abrir uma escola de computação. E a sua resposta não podia ser mais encorajadora: "Vá em frente, você vai ser um empresário de muito sucesso". Jamais me esquecerei disso.

Assim como nunca me esquecerei dos domingos em que ele próprio ia trabalhar comigo na Cermaco, nos períodos de migração de estoque. A loja era grande, tinha mais de 5 mil itens no depósito. Amilcar conferia tudo de perto: "Não muda essa tela aqui", "Esse número, não", "Essa conta não está certa", "Modifica aí", "Vê a fórmula", ordenava. E invariavelmente ele estava certo. Foram inúmeros domingos em que a gente passou duas, três horas trabalhando lado a lado.

O aprendizado e a convivência com o empresário me deixaram preparado para o que viesse pela frente. Fundar a Microlins acabou sendo um desafio mais fácil do que eu imaginava, e tão prazeroso que chegava a ser divertido.

O risco calculado de empreender

Com o apoio que precisava, mais a intuição e o conhecimento que possuía, fiz a maior aposta da minha vida. Era 1991 e eu tinha 23 anos de idade. Juntei todas as economias que havia acumulado mais o dinheiro das rescisões de contrato da Cermaco e do Instituto Americano para investir na criação daquela que futuramente seria uma das maiores redes de ensino de informática do país. Imaginei de cara um grande negócio.

Durante o processo de abertura da escola, fui movido por uma frase que é quase um mantra para mim: Pensar pequeno atrapalha o sucesso.

> Pensar pequeno atrapalha o sucesso.

O investimento na primeira unidade foi o equivalente a R$ 30 mil atuais. Para o tamanho das minhas ambições, não era nada. Eu tinha muito claro como deveria agir para crescer e construir uma escola de qualidade. Tinha me dedicado a estudar o negócio que iria abrir, e essa conduta faz toda a diferença.

Para empreender e abrir qualquer negócio — repito: *qualquer negócio* —, você deve se dedicar a estudar, a analisar e a conhecer os fatores envolvidos no ramo de atuação. Dedique o tempo necessário para construir a sua estratégia para então conseguir evitar o máximo possível de surpresas desagradáveis, incluindo as extremas, como crises econômicas que podem pôr em risco a sua sobrevivência. Quanto mais você sabe sobre o nicho do seu negócio, mais segurança tem para ousar crescer.

Confesso que, dentro da minha casa, ainda pairava certo receio. Minha mulher estava grávida do Bruno, e eu, prestes a trocar uma remuneração mensal certa por uma iniciativa sem muita garantia. "Vai dar certo?", eu me perguntava a todo instante. Hoje, me sentiria um covarde se não tivesse tocado a ideia adiante. O risco era calculado, porque eu havia vivido de perto a procura pelos computadores e, mais do que isso, via a necessidade crescente das pessoas de aprender a mexer nos programas. Sendo assim, sabia que podia arriscar.

Eu acreditava que não só existia uma necessidade por parte das pessoas de aprender a usar computador, como também haveria um boom de compra desses equipamentos por órgãos públicos e empresas, o que resultaria no aumento da demanda por computadores e suprimentos. Ou seja, a minha convicção era sustentada por um olhar analítico das oportunidades identificadas em minha vivência.

Por outro lado, quem não tinha ligação com esse setor não acreditava tanto que a informática dominaria o futuro. Ninguém vai ter uma intuição, um insight ou um feeling sobre um tema ou assunto que não domine — e eu dominava a informática. Esse tipo de visão assertiva só se afina quando se conhece o nicho no qual se pretende atuar, por isso, não tenha preguiça de se dedicar a conhecer o seu negócio. Quando a pessoa enxerga com clareza a situação, avaliando o que aconteceu no passado e a situação presente, torna-se capaz de antever que direção as coisas vão tomar no futuro. Ou seja, tudo depende principalmente da capacidade de perceber e interpretar com base em conhecimento.

> Visão assertiva só se afina quando se conhece o nicho no qual se pretende atuar.

Samara, minha fiel companheira, ficou ao meu lado e me apoiou mesmo sabendo dos riscos.

Nasce a escola de informática

Comecei com quatro computadores XT 4.77 MHz, que comprei pagando em quatro parcelas mensais. No primeiro mês de funcionamento, vinte alunos se matricularam. Sessenta dias depois da abertura, havia duzentos.

O instinto empreendedor não falhou. Foi um dos períodos de maior euforia da minha vida: em casa, a alegria e a sensação inigualável da paternidade com a chegada do primogênito; no trabalho, tudo ia tão bem que, no terceiro mês após a fundação da matriz, eu abria filiais da Microlins. Por cerca de dois anos, segui tocando em paralelo a Microlife — a empresa, aliás, fornecia os computadores para a Microlins. Hoje percebo que acabei criando na época um ecossistema empresarial que de alguma forma se retroalimentava.

A Microlins passou a abrir portas em todas as regiões do estado de São Paulo. Na esteira do sucesso, conheci muita gente, conquistei novos amigos, alguns dos quais se tornaram sócios locais. Com os recursos captados com financiamentos bancários, em três anos de fundação abri dezessete escolas.

Nessa época, consegui um sócio parceiro que mais adiante se tornaria máster franqueado da Microlins no interior paulista, e então meu sócio em todo o Brasil. Ele era respeitado e tinha ótimas referências. Os bancos confiavam nele, em mim e na empresa, que crescia a passos largos. Isso facilitou a expansão da rede. Nesse ponto, gosto de lembrar uma frase que sempre esteve no meu subconsciente: É preciso dividir para multiplicar. Nunca tive dificuldade ou problema em relação a compartilhar com outras pessoas os meus empreendimentos. Aprendi a valorizar e lidar com sócios desde o meu primeiro negócio, a *software house*. Depois, vieram a WRM e a Microlife, sempre em sociedade com alguém. Descobri na prática que trazer pessoas para o negócio agrega novas ideias. As parcerias e as sociedades são fundamentais para a ampliação dos negócios. Não tenha medo de construir parcerias ou de buscar aquelas que complementarão

> É preciso dividir para multiplicar.

o seu empreendimento. Ao contrário do que se imagina, o faturamento cresce e o seu sonho também.

Quando criei a Microlins, ainda sozinho, avaliei que talvez demorasse muito para chegar onde pretendia. Então, decidi buscar sócios para começar uma expansão regional. Foi assim que abri unidades em São José do Rio Preto, Marília, Bauru e Araçatuba. Nessa época, surgiu também para mim a compreensão de que uma divisão equilibrada, com uma sociedade igualitária, evita disputas de poder. Numa divisão assim, as escolhas precisam ser feitas por consenso, e a coisa acaba avançando de forma mais natural, saudável e proveitosa para os envolvidos.

Além de aumentar o número de escolas, também crescia, e muito, a quantidade de alunos: quinhentos em uma unidade, mil em outra. A média era de setecentos estudantes por cidade. Lembro bem quando batemos nosso recorde: foi em São José do Rio Preto, pujante município do noroeste paulista, com 216 matrículas em um só dia. Parecia não haver limites para aquele garoto sonhador que anos antes tinha saído da periferia de Lins, onde vendia coxinhas preparadas pela mãe, com o sonho de se tornar empresário.

Certa vez, fui questionado sobre os riscos embutidos na fundação da Microlins e sua expansão. O que poderia ter dado errado se eu não tivesse feito o que fiz? Respondi que não havia como dar errado; na pior das hipóteses, eu teria ficado com apenas uma unidade até hoje, vivendo para sempre com a renda da escola. Não quero desvalorizar quem só tem uma franquia, não é isso; mas acredito que, se tivesse me contentado com a primeira unidade, hoje talvez fosse um empresário frustrado, pois minhas ambições eram bem maiores. Para o tamanho do meu sonho, a ousadia era mais que uma necessidade, era uma obrigação.

Foi nesse período que compreendi a real dimensão da minha veia empreendedora. Até então, por eu ser determinado,

Para o tamanho do meu sonho, a ousadia era mais que uma necessidade, era uma obrigação.

estudioso e correto, as consequências pareciam, de certa forma, naturais para mim. Também me dei conta de que tinha sido o maior vendedor de coxinhas da história de Lins, e de que o programador que havia ficado sete, oito anos dentro de uma sala criando softwares de computador, na verdade estava durante todo esse tempo vendendo serviço para colaboradores — não para a empresa. Foi quando enxerguei verdadeiramente a importância de saber lidar profissionalmente com pessoas. Eu não tinha sido um mero empregado, um mero programador, mas sim alguém com ótimo relacionamento dentro da companhia, que interagia com todos os departamentos e fazia tudo funcionar muito bem. E isso tinha tanto (ou até mais) valor do que o meu conhecimento técnico.

Você é capaz de empreender e, para isso, precisa olhar com mais atenção para o que e para quem tem hoje em sua vida. Com um olhar mais atento e se mantendo ao lado de quem apoia as suas escolhas, você vai descobrir que há oportunidades de negócios na área que ama.

CINCO PONTOS ESSENCIAIS PARA SE TORNAR UM GRANDE EMPRESÁRIO

1. **FAÇA O QUE AMA.** Não adianta querer fazer o que o outro faz apenas *porque dá dinheiro*. Se você não gostar do que faz, não vai se dedicar a aprender mais, e fatalmente será um empresário mediano em comparação com a concorrência.

2. **PREPARE-SE.** Isso vale para tudo na vida. Estude. Trabalhe. Dedique-se diariamente a ser a sua melhor versão, pois é isso o que criará as condições para construir relações prósperas e para que surjam novas oportunidades.

3. **PROGRAME-SE FINANCEIRAMENTE.** É importante ter dinheiro tanto para investir no negócio quanto para cobrir as contas caso algo saia do planejado.

4. **DEDIQUE-SE A FAZER O QUE TEM DE SER FEITO E MAIS UM POUCO.** Não digo que você precisa trabalhar sempre, sem parar, mas é preciso fazer o que tem de ser feito sem preguiça e sem medo. Nem tudo pode ser terceirizado e delegado e, como dono, você deve se portar como tal.

5. **MANTENHA-SE ATUALIZADO.** Nunca pare de estudar nem de analisar a concorrência. Só assim você será capaz de prever os próximos passos e crescer dentro do seu próprio negócio. Avance sempre.

CAPÍTULO 5

QUANDO O SONHO VIRA PESADELO:
A FALÊNCIA

A instabilidade econômica nunca foi estranha ao Brasil. Sou da geração que cresceu em meio às tentativas de conter a inflação, um sério problema que o país enfrentou principalmente nas décadas de 1980 e 1990. Nesses períodos, os presidentes José Sarney e Fernando Collor de Mello lançaram planos que apostavam, entre outras ações, no congelamento de preços e salários. Entretanto, as medidas se mostraram ineficazes, provocando o aumento do processo inflacionário, crises de abastecimento no mercado e demissões em massa.

Quando abri a Microlins, em 1991, o país ainda sofria o impacto do confisco da poupança, realizado por Collor no ano anterior. O confisco, no entanto, não afetaria a minha vida financeira, por um único motivo: eu não tinha dinheiro guardado. O pior, mal sabia eu, ainda estava por vir com o Plano Real, três anos depois, em 1994. A salvação para a economia do país se mostrou um verdadeiro desastre para mim, que, à época, contava com dezessete escolas abertas.

Como você sabe, após o impeachment de Collor, o vice Itamar Franco assumiu a presidência. Tendo de governar com uma inflação anual de 2.700%, Itamar nomeou Fernando Henrique Cardoso como ministro da Fazenda. O sociólogo foi o responsável por implantar um conjunto de reformas que incluiu até a mudança da moeda. O Plano Real aumentou as taxas de juros com o objetivo de reduzir o consumo e provocar a queda da inflação. E, para manter o controle cambial, manteve a nossa moeda valorizada diante do dólar. Tudo parecia — e foi — maravilhoso para o país. Onde é que estava o problema, então?

Todos os contratos de financiamento bancário que eu havia contraído para investir nas escolas eram justamente em dólar. *Todos.* Não havia exceção. Resultado: eu tinha me organizado para quitar determinada dívida e, sem que pudesse ter previsto, essa conta passou a crescer de forma desproporcional. Fui atropelado pela virada da economia, já que não tinha no contrato um seguro de proteção que me blindasse de uma mudança drástica como essa. E eu não fui o único afetado pela avalanche, muitas empresas viram seus negócios e suas projeções financeiras ruírem e fecharam as portas.

Desde o começo do processo de abertura de unidades no interior de São Paulo, eu havia, aos poucos, comprado algumas das escolas que tinham sido abertas em sociedade. Em 1994, com o Plano Real, quem ainda não havia saído da sociedade acabou saindo, e fiquei sozinho com a marca após comprar as participações dos meus então sócios.

Em seis meses, mesmo somando o faturamento de todas as escolas, não conseguia pagar o aluguel dos prédios nem a folha de pagamento dos professores, muito menos qualquer outra despesa do negócio. As prestações subiram de tal forma que, sozinhas, as mensalidades dos computadores comiam 100% da receita. Foram momentos terríveis. Todo o dinheiro que eu vinha ganhando desde que abrira a Microlins servia para pagar os empréstimos e reinvestir em novas unidades. Ou seja, acabei perdendo o nome, o crédito, e foi decretada falência de minha pessoa física. Em resumo, quebrei. Foi nessa época que recebi a inesperada e indesejada visita do oficial de justiça.

Eu tinha razões para me desesperar — muitas vezes, acredite, me desesperei — e para deixar de acreditar na minha capacidade de empreender e de ser dono do meu próprio negócio. Pior, me sobravam motivos para acreditar que não tinha mais condições de seguir em frente, de continuar trabalhando. Mas, ao contrário, desde o momento em que soube da tragédia que havia virado a minha conta bancária e o meu nome perante o banco, me propus a me reerguer e a reconquistar o que estava perdendo. Não deixei de acreditar nem um segundo sequer que seria capaz de sair daquela situação. E esse foi o maior aprendizado desses tempos: resiliência. Eu não considerei a opção de desistir. E vou mostrar como enfrentei esse duro período.

> **Não considerei a opção de desistir.**

Como se tornar resiliente

Eu tinha plena consciência de que estava vivendo um dos piores — se não o pior — momentos da minha vida. Como empresário, ainda estava no início da minha caminhada e já me considerava um cara de sucesso, com capacidade e confiança o bastante para crescer e aumentar o meu capital. A escola gerava lucros e estava em expansão. Se eu ia crescer, podia arriscar fazer empréstimos para não limitar esse crescimento. Aí residiu o meu maior erro: simplesmente não considerei situações adversas e não fiz um fundo de reserva.

Você, como empresário, precisa contar com o inesperado. Precisa calcular possíveis erros e levar em conta tudo aquilo que foge ao seu controle. Você ainda não aprendeu a prever o futuro e a controlar o que está fora do seu alcance, e por isso é fundamental ter um fundo de reserva para segurar as contas da empresa caso o pior aconteça.

Antes de qualquer passo para o crescimento, consolide o seu fundo de reserva. É isso que o fará crescer com tranquilidade e segurança.

Antes de qualquer passo para o crescimento, consolide o seu fundo de reserva. É isso que o fará crescer com tranquilidade e segurança.

Naquela época, eu não podia rever os meus atos e recomeçar; o tempo de guardar dinheiro e calcular melhor as minhas ações já tinha passado. Eu precisava corrigir o meu erro, e foi por isso que, após entender a gravidade da situação, procurei um consultor. Ele me orientou a levar uma mensagem aos funcionários explicando a situação da empresa e propondo um atraso no pagamento dos salários por pelo menos quinze dias, o tempo necessário para a empresa ir atrás de dinheiro novo. Só o que eu não podia fazer era parar as escolas. E não parei.

Os bancos exigiam que eu apresentasse os boletos das mensalidades dos alunos para antecipar o valor e reter o equivalente às prestações dos empréstimos. Me sobrava um percentual de 10% a 15% da receita do mês, o que não dava para pagar o restante das despesas. Até hoje me lembro da fala de um gerente do banco: "Eu só consigo liberar 15% do seu faturamento do mês. Os outros 85% vão ter que ficar retidos para pagamento das prestações vencidas e a vencer".

Só me restavam duas opções: achar uma solução e dar a volta por cima ou fechar todas as escolas, voltar a trabalhar como empregado, ficar devendo para os alunos e ter um monte de problemas na esfera do direito do consumidor. Sem contar a cobrança incessante dos bancos. Com a segunda opção, eu já não teria um negócio que me proporcionasse pagar a enorme dívida. Escolhi a primeira.

Aos poucos, fui me encontrando no emaranhado de problemas, dívidas, alunos, professores, reclamações, uma escola para reerguer e um nome para refazer. Fui me fortalecendo na determinação de dar a volta por cima e me reconstruir. E só havia um jeito de fazer isso: com a cabeça fria, buscando saídas quando tudo indicava que eu deveria desistir e jogar a toalha.

Novas oportunidades sempre aparecem

Do limão, resolvi fazer uma limonada. Reuni em Lins os funcionários das dezessete escolas. Todos os professores compareceram. Eram cerca de duzentas pessoas em uma sala enorme. Ligamos o sistema de som e falei que precisava fazer uma proposta para que saíssemos juntos daquela crise. "Vou precisar muito da compreensão de todos. Vocês vão fazer a diferença daqui para frente, mas escutem essa gravação primeiro", e reproduzi a fala do gerente do banco que explicava nossa situação. Então, perguntei se concordavam em passar dois, três meses de muita aflição, com atrasos de salário, até as dívidas serem sanadas. "A gente vai sair vitorioso daqui", prometi. Mostrar essa gravação a eles era parte de uma estratégia para salvar a Microlins.

O plano deu certo e contou com a ajuda dos professores. Com esse apoio, me vi ainda mais forte para virar o jogo. Chamei os credores um a um e pedi apenas que acreditassem em mim, pois eu sabia que tinha um bom negócio e eles seriam recompensados. De imediato, para demonstrar que estava falando sério, saí vendendo e devolvendo computadores para o banco. Mas sabia que não podia abrir mão de todo o patrimônio. Não era apenas a minha palavra que estava em jogo nessa nova ação para quitar as dívidas, mas também tudo o que eu tinha conquistado.

Nesse momento, decidi que mudaria por completo os destinos da Microlins e da minha vida. A ideia de transformar a escola em uma franqueadora me foi apresentada por um consultor. O franchising vivia seu grande momento no Brasil e, sabendo do potencial do negócio, vi ali a minha salvação.

> **O QUE É FRANCHISING?**
>
> Franchising, ou franquia, é a venda de licença, incluindo a experiência, infraestrutura e direito de uso da marca. O franqueado investe na marca, entra com a mão de obra e paga parte do lucro para o franqueador.

Meu espírito empreendedor se fortalecia e me levava a acreditar que eu conseguiria retomar o crescimento da escola. Mais do que isso, eu me via fortalecido para transformar uma empresa falida em oportunidade para outras pessoas. O franchising me fez voltar a acreditar no poder transformador da criação de negócios e de fontes de renda para o maior número possível de pessoas, e isso passou a me mover a buscar aqueles que acreditavam em mim, no meu plano e na minha empresa. Foi o que fiz.

Como eu já era muito conhecido na região de Lins, peguei a estrada. Procurei os vários amigos que tinha feito e propus o negócio da franquia. Alguns ex-sócios, cujas participações eu havia comprado ao longo dos anos, viraram franqueados. "Você vai ter uma escola com setecentos alunos que dá R$ 50 mil de lucro por mês. Você só tem que incluir os computadores", eu argumentava. "Olha aqui a conta. Você recebe tanto, gasta tanto, olha o lucro que dá." Eles faziam a conta e se impressionavam com a receita e a ótima oportunidade comercial. E aí a estratégia começou a dar certo.

Os novos parceiros assumiam a operação, me pagavam 8% sobre o faturamento dos royalties e ainda sobrava um lucro enorme para eles. Entreguei escolas cheias de alunos, e os primeiros franqueados ganharam muito dinheiro.

O franchising na Microlins foi, portanto, fruto de uma necessidade, de uma agonia de morte. Se eu não tivesse tomado essa decisão, meu sonho teria terminado ali. Mas alguns fatores foram fundamentais para que a medida prosperasse. E aqui destaco a terceira grande lição que esse momento me proporcionou: o network. Quando me vi diante de uma oportunidade de revitalizar o negócio, então fadado à falência, acionei a minha rede de contatos. Saí em busca de retomar as relações que havia feito ao longo da vida, não só como empreendedor da Microlins, mas desde antes.

Mas tem uma coisa: você pode ser o melhor vendedor do mundo, porém, se não tiver um bom produto ou serviço na mão, não vai vender nada. Nesse momento, juntei meus atributos como líder e articulador ao fato de ter um bom negócio e o ofereci a investidores que tinham retorno financeiro muito baixo em seus empreendimentos.

Deu certo. E a Microlins se tornou referência nacional em franchising.

O QUE APRENDI COM A QUASE FALÊNCIA?

1. Tenha um fundo de reserva em caso de situação adversa.
2. Seja claro com seus colaboradores sobre a situação dos negócios, eles são seus maiores parceiros.
3. Entre em consenso com seus credores, tente extensão de prazos.
4. Seja criativo em suas soluções.
5. Recorra ao seu network, busque parceiros.

CAPÍTULO 6

A "FACULDADE DO POBRE"

O ano de 1994 foi marcado por uma série de fatos que entraram para a história do Brasil. Naquele ano, o país chorou a trágica morte do ídolo Ayrton Senna; vibrou com o tetracampeonato da seleção brasileira de futebol na Copa do Mundo; e, não menos importante, foi impactado financeiramente pela criação do Plano Real. A mudança econômica adotada pelo governo federal foi, indiretamente, o estopim do nascimento da Microlins Franchising. Naquele momento, buscar parceiros foi a solução encontrada para salvar a empresa, como vimos no capítulo anterior.

Era uma rotina de muito trabalho, mas todo o esforço era recompensado. Eu saía na segunda-feira com destino a cidades do interior paulista e voltava na sexta com vários contratos assinados na pasta. A Microlins, contando com mais de cinquenta franquias, começava a sair da falência e eu, a sonhar com uma expansão ainda maior.

Atentos a esse crescimento, os primeiros franqueados passaram a me pedir para frear a venda de novas franquias. Eles não queriam que eu me afastasse da administração e temiam pela queda na qualidade do suporte. Prometi a eles que minha meta era alcançar o número de cem franquias e não pretendia passar disso. Sem me dar conta, naquele momento eu prometi algo completamente insano e sem nenhuma chance de dar certo.

Ao mesmo tempo, não fazia ideia de que aqueles que me ouviam me compreenderiam no futuro.

Se 1994 foi o ano da recuperação, 1995 seria o da afirmação.

Novos formatos de negócios

Se o seu negócio vai bem, se ele cresce e parece rentável a outros empresários, duas coisas podem acontecer: aparecer concorrência ou surgirem investidores em busca de sociedade.

Atualmente, como investidor anjo, encontrar negócios rentáveis é parte da minha vida profissional e, portanto, tenho o olhar treinado para identificar quais elementos fazem uma empresa ser lucrativa. No entanto, na época em que as franquias da Microlins se espalhavam pelo Brasil, eu não tinha esse conhecimento — alinhava o meu discurso e a minha projeção de negócios à lucratividade. Eu tinha muito claro qual era o investimento necessário para abrir uma unidade e quanto tempo levava para reaver esse dinheiro e começar a ter lucro. E isso fazia com que a procura por novas franquias só crescesse.

Eu vinha trabalhando bem, vinha fazendo o negócio ser altamente rentável e, assim como hoje eu sou um cara que busca bons negócios para investir, naquela época também havia quem o fizesse. Foi o que aconteceu.

Nesse período, conheci um casal da cidade de São Paulo. A pedido deles, viajei até a capital do estado para uma reunião de negócios. Eles queriam conhecer e, quem sabe, investir na Microlins. Tratei-os como tratava os futuros franqueados, apresentei a marca, expus as possibilidades de negócios e os resultados alcançados até ali. Os argumentos e os números os seduziram. Tanto que, ao final da reunião, recebi uma proposta de sociedade.

Foi assim que vendi 40% da empresa por US$ 250 mil. Uma negociação na mais pura confiança. Nem contrato social fizemos — aliás, esse é um exemplo para não seguir! O dinheiro foi uma fartura. Serviu para dar novo fôlego à empresa. Paguei isso, paguei aquilo e consegui quitar o que ainda havia de dívida.

Para apresentar os sócios aos colaboradores, promovemos um evento em Lins. Foi um momento importante e bastante verdadeiro. O futuro era muito promissor. A Microlins merecia uma sede nova. Então, aluguei um imóvel no melhor bairro da cidade. Tudo caminhava muito bem, até que outro episódio de atenção se apresentou para mim.

Na administração, acordamos que eu seguiria na rotina de prospecção, enquanto o investidor, que não entendia de negócios, decidiu chamar o irmão para atuar em seu lugar. O trabalho dele seria acompanhar o dia a dia das finanças da empresa, como o fluxo de entrada de dinheiro e as despesas. O problema é que o escolhido para o cargo tinha uma visão distorcida da função. Trazia o modelo de trabalho de igrejas: conferir o caixa, procurar saber quem pagou o dízimo, quem não pagou, quem deu oferta e quem não deu. Ou seja, era uma espécie de auditor interno, um fiscal. Sem comunicar a ninguém, ele passou a fiscalizar as minhas operações. Pegava notas fiscais que eu apresentava e ligava para os hotéis onde eu havia me hospedado em São Paulo para saber se os documentos eram verdadeiros.

Descobri isso quando o diretor financeiro me avisou que um dos hotéis questionou a checagem. Quando perguntamos quem era a pessoa que havia ligado pela Microlins, informaram o nome do irmão do investidor.

Foi uma decepção muito grande. Uma das maiores que já tive. Me senti traído pelos meus próprios sócios. A minha decisão foi taxativa, mesmo sabendo que isso colocava em risco a minha relação com o meu sócio: eu não o queria mais na empresa.

Para dar o assunto por encerrado, liguei para o investidor e falei que não tinha mais condições de prosseguirmos com a sociedade. Expliquei tudo e prometi que todo o dinheiro investido seria devolvido. Dei a minha palavra. Ele lamentou profundamente, mas concordou. O negócio se desfez naquele momento.

Essa ruptura foi um aprendizado e me preparou para as sociedades que viria a ter dali em diante.

Contrate um bom advogado na hora de entrar em uma sociedade. É ele quem vai escrever as regras do jogo. Com as regras definidas, ninguém vai poder reclamar depois. Procure conhecer a fundo seu candidato a sócio, busque informações sobre sua história no mercado e, na medida do possível, cerque-se de pessoas de sua confiança que possam ajudá-lo a tomar decisões da forma mais racional e assertiva possível.

> Essa ruptura foi um aprendizado e me preparou para as sociedades que viria a ter dali em diante.

À época, eu nem sabia que existia acordo de sócios e um estatuto social. Tudo era muito novo para mim. As relações comerciais nem sempre funcionavam no "fio do bigode", como nos tempos do meu avô mascate.

ALGUMAS PERGUNTAS QUE DEVEM NORTEAR ACORDOS DE SOCIEDADE

1. Se um dia eu quiser sair da sociedade, como vai funcionar?
2. Quanto vale a nossa empresa?

> 3. Vai ter pró-labore para os sócios que trabalham? E para os que são só investidores?

Diferenciais são necessários para afastar a concorrência

Mais um baque no meu dia a dia. Havia sofrido uma traição de sócios que conheceram a fundo o meu negócio. O que poderia fazer para não ser engolido por uma provável concorrência? Buscar me destacar de outras formas.

Em 1996, ano do nascimento da nossa filha Beatriz, inaugurei a Editora Raízes, uma gráfica de porte industrial que possibilitou a confecção do material didático da Microlins. Assim, houve grande redução nas despesas com esse tipo de serviço, e a rede passou a ter autonomia na impressão em papel. Outra grande conquista.

Mais um ano chegou e, com ele, o boom da tecnologia. O computador e a internet se tornaram parte do cotidiano das pessoas. Com isso, em 1997, a Microlins consolidou sua posição como a maior rede de escolas profissionalizantes do Brasil, saltando de 25 para 130 franquias — e o objetivo que tempos atrás parecia ousado, acabou por ser atingido e superado. Foi nesse período que ela deixou de ser apenas uma escola de informática para se tornar um centro de formação profissional, ampliando a gama de cursos oferecidos.

Com a consolidação do franchising, tive a percepção de que estava na hora de criar mais um diferencial no mercado. E o insight surgiu em um grupo de *brainstorming* dirigido por mim e pelo Pedro Furquim, um consultor de empresas e palestrante.

Profissional respeitado na área de marketing, ele sempre foi dinâmico e proativo. Tínhamos ótima sintonia. A ideia, sugerida por ele, de expandir a oferta de cursos foi imediatamente aceita.

Uma nova e próspera fase se iniciava dentro da Microlins, que se destacou ainda mais entre as escolas de computação. Não éramos um simples curso de informática: nós representávamos a oportunidade de profissionalização de pessoas dispostas a entrar no mercado de trabalho.

Implantei na Microlins um portfólio com mais de vinte cursos profissionalizantes de diferentes áreas, como informática e tecnologia, indústria, administração e vendas, hotelaria e turismo, saúde e inglês. Virou — e digo isso com certo orgulho — a "faculdade do pobre". Era um mercado único. Oferecíamos qualificação aos jovens que não podiam fazer um curso universitário, os quais, aprendendo uma profissão, conseguiam seu primeiro emprego no mercado de trabalho.

Ali eu me distanciei da concorrência, que não tinha como fazer frente à quantidade de cursos ofertada pela Microlins

Crescimento pessoal

Tudo ia muito bem nos negócios, mas percebi que estrategicamente precisava de uma nova mudança. Dessa vez, de moradia. Adoro Lins, e minha gratidão pela cidade está marcada no nome da empresa que fundei. Mas um centro maior facilitaria a logística e ampliaria minhas relações profissionais e sociais. Decidi vender a casa, zerei os compromissos pendentes, não fiquei devendo nada para ninguém e me mudei com minha família para um apartamento em São José do Rio Preto, no oeste paulista.

Nossos dois filhos ainda eram bem pequenos e sentiram muito a mudança. Antes, Bruno e Beatriz viviam soltos, correndo

Representávamos a oportunidade de profissionalização de pessoas dispostas a entrar no mercado de trabalho.

pela casa onde morávamos. Brincavam o dia inteiro e tomavam banho de piscina. Com a mudança, passaram a ter que brincar com a bola de futebol dentro do apartamento. Ou seja, careciam de espaço, precisavam de liberdade. Assim também era comigo, mas profissionalmente continuava sentindo que necessitava expandir horizontes, alcançar novos lugares.

Foi então que tive a ideia de adotar o sistema de máster franquias, ou seja, de ter franqueados que atuassem como pontos de apoio da marca e que pudessem, eles mesmos, criar novas franquias. Esse sistema já existia no setor da gastronomia, no qual era muito forte no mundo todo, principalmente no segmento de fast-food. Se dava certo com o McDonald's e com o Subway, por que não daria com a Microlins?

> Foi então que tive a ideia de adotar o sistema de máster franquias.

Mais uma vez, de forma pioneira, parti para um novo desafio. Funcionou da seguinte forma: primeiro, dividi a Microlins em vinte regiões de São Paulo, importantes dos pontos de vista econômico e geográfico. Então, chamava o sócio franqueado do local e fazia a proposta: "Você me dá R$ 500 mil adiantados para vender franquias na sua região, fica com 40% do lucro, e eu, com 60% de cada unidade escolar". Para convencê-lo, eu demonstrava que os R$ 500 mil investidos renderiam de R$ 5 milhões a R$ 10 milhões rapidamente.

O primeiro máster franqueado foi o de São José do Rio Preto. A unidade ficou com AB, gerente aposentado do Itaú de Lins que havia aberto a minha primeira conta bancária, quando eu ainda era jovem. Mais adiante, ele usaria suas reservas para ajudar a escrever outra história na nossa empresa.

A ideia deu muito certo também nas outras regiões: São Paulo (capital), Presidente Prudente, Ribeirão Preto... Chegou a hora de levá-la para além de São Paulo, e o sucesso se repetiu Brasil afora. De repente, eu tinha sócios no nível máster na maioria dos estados brasileiros. Se fosse ficar vendendo as franquias sozinho pelo país, uma a uma, jamais chegaria às quase mil escolas de hoje. Com esse modelo de multiplicação, em pouco tempo quase dobramos o número de franqueados. Eu entrava nos anos 2000 com R$ 10 milhões a mais na conta e quase duzentas escolas funcionando a todo vapor.

O momento econômico era tão bom que, depois de um ano de aluguel em São José do Rio Preto, comprei uma casa no melhor condomínio da cidade. Consegui, dessa forma, propiciar novamente conforto e segurança para a minha família. Tudo acontecia de forma fantástica. A empresa alcançava os mais diferentes rincões do Brasil, e o dinheiro entrava como nunca.

E o ano de 2000 ainda me reservaria mais uma boa notícia. Um novo negócio com AB, o primeiro máster franqueado. Por mais de R$ 1 milhão, vendi a ele 30% da Microlins. Com isso, AB passou a cuidar da base, e eu fiquei ainda mais livre para negociar país afora. Motivado por esse momento de prosperidade, decidi lançar em todas as escolas do país uma série de cursos profissionalizantes no setor de telecomunicações. Novamente, vi na ocasião uma grande oportunidade.

O Brasil era mais um país a adotar a privatização do setor de educação profissionalizante, o qual mudava drasticamente. As empresas demandavam mão de obra qualificada para atender às novas tecnologias. O primeiro curso da Microlins foi o de instalador e reparador de linhas e aparelhos, com o objetivo de ensinar métodos de instalações de novas linhas de telefone, diretamente nos postes das companhias e ainda reparar defeitos encontrados nas centrais e na entrada das linhas nas casas dos assinantes.

Sozinha, a Microlins formou mais de 30 mil profissionais para o mercado. Um feito e tanto.

Assim, eu me via no comando de uma empresa sólida que mudava a vida de milhares de pessoas no Brasil. E que me transformava também, já que me desafiava diariamente a encontrar caminhos para continuar crescendo. À medida que o tempo corria, eu percebia com clareza que os erros que tinha cometido no passado me fortaleciam e me faziam seguir em frente e crescendo. Sou grato à resiliência que apareceu em mim no pior momento da minha vida, e mesmo aos sócios que não cumpriram com a palavra, porque me fizeram ousar ser criativo e me reinventar todos os dias até alcançar o sonho de ser a maior franquia de escolas profissionalizantes do país.

> Os erros que tinha cometido no passado me fortaleciam e me faziam seguir em frente e crescendo.

Mal sabia eu que o meu sonho empreendedor estava apenas começando.

A SOCIEDADE: O QUE ESPERAR DESTA RELAÇÃO COMERCIAL?

1. **VOCÊ DEVE FIRMAR UM PACTO**, um contrato, com o seu sócio por escrito, esclarecendo e registrando cada ponto conversado no momento da negociação.
2. **ENTENDA O TIPO DE SÓCIO QUE TERÁ.** Ele quer ser um sócio investidor ou um sócio que vai dar opinião e participar da gestão do negócio?
3. **É PRECISO DISCUTIR PREVIAMENTE O MÁXIMO POSSÍVEL DE POSSIBILIDADES E PROBABILIDADES**, a partir dessa análise, para definir critérios em comum de tomada de decisão.
4. **SE VOCÊ TEM UMA PARTICIPAÇÃO SIGNIFICATIVA, É IMPORTANTE QUE ESPECIFIQUE NO ACORDO ESCRITO** as regras de funcionamento do dia a dia da sociedade, por exemplo: "Quero ser consultado a cada

VOCÊ
PODE
TUDO

despesa acima de R$ 100 mil" ou "Quero assinar em conjunto qualquer ativo da empresa que for vendido acima de R$ 2 mil" ou ainda "Quero dar anuência também para vender".

CAPÍTULO 7

A CRISTA DA ONDA

Desde cedo, fatores como a intuição e a criatividade pautaram a minha carreira profissional. Mas houve outra característica pessoal marcante que contribuiu decisivamente para a minha formação como empresário: a ousadia.

Como frear os ímpetos de um homem que chegou onde cheguei tendo saído de onde eu saí?

O sucesso pode ser alcançado vendendo coxinhas nas ruas ou abrindo franquias em todo o país. Eu nunca fiquei lamentando pelos cantos as dificuldades: sempre dava um jeito de me reerguer e superá-las. Obviamente, corri vários riscos; eles existem, ainda mais para quem começa sem nenhum caixa. Entretanto, em todas as ocasiões que resolvi arriscar em algo novo, tinha a convicção de que o negócio era promissor. Eu acreditava — e acredito — em mim, e isso me fortalecia para seguir em frente. Foi assim que a Microlins deu o "pulo do gato".

Compromisso social para além dos lucros

O ano era 2001, e um fato mudou de vez a imagem e o futuro da empresa. Recebi da rede Record uma proposta para patrocinar o quadro Dia de Princesa, apresentado pelo cantor

Netinho de Paula no programa *Domingo da Gente*. O investimento girava em torno de US$ 100 mil para uma campanha publicitária de um mês. O valor foi considerado alto demais pelo meu sócio, AB. Gerente de banco aposentado, ele era criterioso e o mais ajuizado da nossa sociedade ao tratar da administração financeira. Uma de suas ponderações era que, se a propaganda não desse retorno, o gasto poderia levar todo o patrimônio dos sócios.

Fiquei frustrado. No dia seguinte, porém, confiando mais uma vez em minha intuição, contrariei a posição do AB e comprei a mídia de televisão. A ousadia poderia ter me custado caro e, mais do que isso, me deixado sem sócio, pois eu acabara de fazer com ele o mesmo que o irmão do meu antigo sócio fizera comigo. Mas a minha intuição me dizia para seguir em frente. Para compensar a ousadia do meu gesto, coloquei como garantia meu carro; assim, se a aposta desse errado, o valor do carro compensaria o dinheiro perdido. Sabia que me arrependeria se rejeitasse a proposta. Acreditava que, se não levasse a marca a todo o Brasil, não ganharia escala.

A Record, depois de uma grave crise financeira, havia se reestruturado e exibia uma programação diversificada. Nos fins de semana, a emissora apostava no entretenimento, voltado inicialmente para as camadas mais populares da sociedade, mesmo perfil do estudante da Microlins. Não tinha como dar errado. No quadro, Netinho proporcionava a jovens da periferia oportunidades que no seu dia a dia elas não teriam. Procedimentos em salões de beleza e estética, roupas, jantares, passeios...

A ideia da campanha da Microlins não era uma propaganda comum, daquelas gravadas. A participação seria em ações de merchandising ao vivo durante o programa. Para além do vendedor, programador, professor e empresário, nascia ali o Semenzato da mídia. No palco, eu doava computadores, cursos de informática e até casas para as princesas escolhidas pela produção. Comecei a ter acesso à realidade daquelas pessoas e, ao me apresentar ao vivo, estabelecia uma relação da missão da Microlins com as ações do programa: mudar a vida de jovens que não tinham acesso ao ensino superior. Ao mesmo tempo que construía a imagem da empresa, exercitava o marketing pessoal.

> Missão da Microlins: mudar a vida de jovens que não tinham acesso ao ensino superior.

O sucesso foi tão estrondoso que não conseguimos atender à gigantesca demanda de novas matrículas. Paguei a primeira fatura da TV e nunca mais abandonamos esse modelo de propaganda. Em 45 dias, a empresa gerou mais de R$ 1,5 milhão em recebíveis. Tornei-me figura conhecida em todo o país, o que colaborou com o aumento nas vendas de novas franquias. Se eu não tivesse acreditado na minha intuição, confiado na minha marca e arriscado, não teria alcançado esse sucesso.

Em 2003, com o caixa transbordando, inaugurei em São José do Rio Preto a nova sede da Microlins. Um prédio faraônico, com 2 mil metros quadrados, projetado para gerir o franchising: auditório para treinamento dos franqueados, refeitório e editora de livros. Levei o Netinho de Paula à festa de abertura. Foi uma recepção fantástica.

Momentos de sucesso, novas oportunidades

Além da Record, também investimos no SBT. Outro campeão de audiência na época era o *Domingo Legal*, apresentado pelo saudoso Gugu Liberato. Como o programa também era ao vivo, podia acontecer de tudo, inclusive fatos inusitados. A estreia foi memorável. Gugu me chamou: "Vem pra cá, José Carlos Semenzato, da Microlins". Entrei numa euforia enorme. Fiz a ação, fiquei aproximadamente um minuto no ar. Ao sair, depois da despedida, bati de frente nos tapumes do cenário, derrubando tudo. Estava tão anestesiado pela euforia que nem senti dor. Nos dias de hoje, a cena com certeza teria virado meme.

Além das doações, eu aproveitava os programas para lançar ações sociais que beneficiavam instituições filantrópicas como a Fundação Xuxa Meneghel e o Instituto Casa da Gente — mantidos, respectivamente, pelos apresentadores Xuxa e Netinho de Paula — e a Fundação Cafu, do ex-craque da seleção brasileira de futebol.

Nessas parcerias, a Microlins disponibilizava para cada instituição uma escola de formação profissional, para que as crianças atendidas tivessem a oportunidade de aprender com os cursos. Nossas franquias também passaram a manter convênios locais com órgãos assistenciais, doando alimentos, agasalhos e remédios.

Eu finalmente havia encontrado o modelo de negócio que me permitiria ampliar a minha missão: fazer o bem ao maior número possível de pessoas, crescer e ter uma vida confortável. A Microlins era um sucesso e transformava a vida das pessoas em sucesso também.

> Fazer o bem ao maior número possível de pessoas, crescer e ter uma vida confortável.

O ano seguinte, 2004, foi extremamente positivo para os negócios, mas também foi marcado pelo momento mais difícil da minha vida. Tudo ia muito bem: muitas franquias, muitos alunos, muitos encaminhamentos ao mercado de trabalho, conquistas pessoais e realização de sonhos de toda a família, a começar pela casa dos meus pais. Construí em Lins uma casa exatamente do jeito que eles queriam. Parecia o sonho de princesa. Falei para minha mãe: "Compre todos os mobiliários que a senhora deseja para deixar esta casa maravilhosa".

E assim ela fez. A casa foi construída de acordo com o sonho dos dois. Mas, infelizmente, eles só moraram nela por um ano e meio.

Certo dia, estavam indo de Lins para São José do Rio Preto buscar um carro novo que tinham escolhido dias antes. Meu pai me ligou e disse que estava só esperando o carro ficar pronto para buscá-lo. Eu disse a ele: "Pai, venha somente quando estiver pronto". Na ansiedade de pegar o carro novo, eles saíram de lá na terça-feira, às dez horas da manhã. Eu não sabia, estava trabalhando na sede da Microlins em Rio Preto; às 10h30, recebi em minha sala a notícia de que eles haviam sofrido um grave acidente na rodovia e que minha mãe não tinha resistido aos ferimentos. Ainda havia esperança de salvar meu pai, que também estava gravemente ferido. Nesse momento, liguei para amigos médicos, que imediatamente contataram o hospital. Porém, não demorou a chegar a triste notícia de que meu pai também não havia resistido.

Naquele momento, comecei a entender que na vida não podemos ter tudo. Nunca seremos plenamente felizes. A vida nos dá muitas coisas, mas leva muitas também. Foi quando entendi que estamos nesta vida de passagem e, por isso, devemos viver intensamente, trabalhar muito, passear, aproveitar e tentar deixar um legado para nossos descendentes e, mais ainda, para as pessoas com quem nos relacionamos.

Confesso que até hoje não superei a perda dos dois e que sinto muito a falta deles. Queria muito que eles me vissem realizar outros grandes sonhos e que pudessem usufruir o tanto que meu trabalho tem propiciado de bom. Mas Deus sabe o que faz. Aprendi que nem uma folha cai de uma árvore se não for da vontade de Deus, se não for a hora certa.

A morte dos meus pais é uma dor insuperável, mas foi o que me fez entender a brevidade da vida e a importância de fazer o que tem de ser feito para mudar a história, tornar a vida do outro mais leve e melhor.

Foi quando entendi que estamos nesta vida de passagem e, por isso, devemos viver intensamente, trabalhar muito, passear, aproveitar e tentar deixar um legado para nossos descendentes e, mais ainda, para as pessoas com quem nos relacionamos.

MOMENTOS DE OUSAR E MOMENTOS DE DOAR

1. **SAIBA QUANDO APOSTAR EM NOVAS OPORTUNIDADES.** Quando tiver a convicção de que o movimento é acertado para seus negócios, siga em frente.

2. **INCORPORE O COMPROMISSO SOCIAL À CULTURA DA EMPRESA.** Se sua missão também é social, aproveite as oportunidades de negócio para transformar a vida de outras pessoas.

CAPÍTULO 8

EXPANDINDO HORIZONTES

O investimento nos programas de televisão representou um divisor de águas na trajetória da Microlins e na minha carreira empresarial. As ações de merchandising nos programas *Domingo Legal*, do SBT, e *Domingo da Gente*, da Record, promoveram nacionalmente a marca da rede e alavancaram novos negócios. Nós nos tornamos gigantes do setor; estávamos, da noite para o dia, na casa de todos os telespectadores brasileiros que sonhavam com uma vida melhor.

Com essa visibilidade e o crescimento dos negócios, novas oportunidades começaram a surgir. O que fazer com tamanha visibilidade? Como continuar crescendo? Como ampliar ainda mais os cursos oferecidos pela Microlins? Os desafios só aumentavam e, com eles, o meu desejo de continuar evoluindo e transformando a vida das pessoas. Foi por isso que comecei a atuar em outros negócios e em outros empreendimentos.

Um dos novos empreendimentos começou de forma inusitada. Era 2003, e o fato se deu nos bastidores de um desses programas. Souza Júnior, conhecido profissional de marketing, me apresentou ao industrial Itamar Serpa, proprietário da Embelleze, fábrica carioca de cosméticos. Assim como eu, o empresário fazia doações na televisão. Logo no primeiro encontro com Serpa, perguntei se ele gostaria de montar uma rede de escolas de beleza. Dono da mesma veia empreendedora, ele topou de imediato a ideia. Um mês depois, estávamos assinando o contrato de parceria.

Engenheiro químico capixaba, Serpa fundou a Embelleze em 1969. Durante meio século, sua empresa lançou no mercado mais de quinhentos produtos, quase todos direcionados ao público consumidor feminino brasileiro e de outros países. Já o instituto foi criado em 1998 na Baixada Fluminense, com o objetivo de capacitar profissionais do setor de beleza na região metropolitana do Rio de Janeiro. Somávamos a experiência bem-sucedida do franchising no ramo educacional com a excelência no setor de beleza. Além disso, o perfil do aluno do instituto sempre foi o mesmo da Microlins. Nossa sociedade tinha tudo para dar certo. E deu!

> Nossa sociedade tinha tudo para dar certo. E deu!

O início do negócio até foi inusitado, mas a natureza dele nunca se mostrou inviável. De um lado, estava um empresário da educação responsável por ter levado cursos profissionalizantes a diversos locais do Brasil; de outro, um engenheiro químico proprietário de uma empresa de cosméticos que havia enxergado a necessidade de profissionalizar a mão de obra para atuar com os produtos que ele comercializava. A expertise dos dois empreendedores e as demandas de cada um eram os ingredientes principais para o sucesso dessa negociação e fizeram com que as duas empresas crescessem juntas e se consolidassem.

A história de sucesso com a Embelleze

Com a Embelleze, acontecia algo muito semelhante ao que vi acontecer com os profissionais de informática na década de 1990: havia carência de trabalhadores qualificados para suprir a grande demanda dos salões de beleza, um segmento rentável que gerava empregos e estimulava o investimento em negócios próprios. Aliás, o setor ainda hoje é um dos mais procurados pelos brasileiros que buscam cursos profissionalizantes como caminho para obter renda extra, para ampliar as chances de reinserção no mercado de trabalho ou mesmo para abrir a própria empresa.

Com o olhar nessa oportunidade, montamos um sistema de franquias estruturado e testado. O retorno projetado para o investimento ocorria entre 18 e 24 meses. E os números não mentiam. O sucesso era absoluto para a grande maioria dos nossos parceiros: 75% dos franqueados investiam em mais de uma unidade da marca. O desempenho do instituto era proporcional ao apetite do mercado da beleza no Brasil, que ao longo das últimas décadas seguiu em constante crescimento, à margem das crises econômicas vivenciadas por outros setores.

Desde o início da sociedade, o instituto sempre ofereceu formação de qualidade, com materiais exclusivos, especialistas de renome e aulas práticas diferenciadas. Em 2006, foi eleito pela revista *Pequenas Empresas & Grandes Negócios* — em parceria com a Fundação Getulio Vargas (FGV) — uma Franquia Cinco Estrelas e a segunda Melhor Franquia no Segmento de Ensino e Treinamento.

O interessante no caso do Instituto Embelleze é que, de fato, alcançamos o sucesso muito rápido. O know-how desenvolvido e aprimorado na Microlins foi aportado ao instituto, que já nasceu voando. Em um mês, tínhamos tudo pronto. Os livros de cabelereiro, manicure e pedicure foram desenvolvidos com a mesma qualidade com que eram criados os livros de informática da Microlins. Sem medo de errar, pode-se dizer que o Instituto Embelleze replicava perfeitamente um modelo que havia dado certo.

Depois de quase vinte anos em atividade, são centenas de franquias espalhadas em todos os estados do país e mais

O instituto sempre ofereceu formação de qualidade, com materiais exclusivos, especialistas de renome e aulas práticas diferenciadas.

de 2 milhões de profissionais formados. Uma média de 14 mil alunos por mês têm aulas sobre corte e tratamento de cabelo, maquiagem, manicure, pedicure, barba, depilação, olhar, bem-estar e empreendedorismo.

Hoje, o Instituto Embelleze é a maior rede de cursos profissionalizantes da América Latina na área de beleza e segue atuando na promoção do crescimento profissional, da geração de renda, da autoestima e de novas perspectivas pessoais, desempenhando assim sua função social. É outro instituto que faz o que a Microlins já vinha fazendo: transformar a vida de pessoas.

Com uma parceria sólida é possível estabelecer grandes metas

O Instituto Embelleze não parou de crescer. Nesses quase 20 anos de sociedade , continuamos com o mesmo entusiasmo do começo.

Investimos juntos via Instituto Embelleze na empresa Belle Club, um salão de beleza por assinatura, em que os clientes fazem seus agendamentos pelo aplicativo. Os serviços são rápidos, de qualidade e no tempo que o cliente pode, com preços extremamente justos.

Durante a pandemia, também investimos no Pit Grooming, uma empresa de capacitação profissional na área pet. Essa oportunidade surgiu no Shark Tank Brasil e com isso seguimos nosso propósito de transformar vidas através da educação.

O investimento em cursos profissionalizantes não só é uma porta de entrada para o mercado de trabalho, como também abre novas frentes de negócios. A parceria firmada com o Serpa já dura anos, e é impressionante como um negócio que começou tão espontaneamente tenha se tornado tão grandioso e duradouro. A frente de educação que construímos juntos e a quantidade de vidas impactadas pela metodologia do Instituto Embelleze comprovam o sucesso dessa parceria, que só se multiplica. Só pudemos criar essa empresa sólida com base na parceria, na visão de negócios a longo prazo e na honestidade da nossa sociedade.

É fundamental que as parcerias de negócios tenham bases sólidas e alinhamento entre os sócios. Sem esses pilares, os empreendimentos tendem a ruir, não a crescer. Se você busca crescimento e ampliação de suas empresas, deve procurar negócios que se somem ao seu e que estejam alinhados aos seus princípios e valores.

QUANDO DECIDIR UNIR SUA EMPRESA A OUTRAS COMPANHIAS, TENHA COMO OBJETIVO EXPLORAR HORIZONTES INOVADORES

1. Busque empresas que já possuam algum aspecto comercial em comum, seja pela área de atuação ou pelo público, de modo que você possa expandir a penetração de seu negócio.

2. A junção de negócios deve sempre ser uma soma, por isso é importante calcular quais são os números da empresa que se associará à sua. Ela está saudável? Tem projeção de crescimento? Qual é o capital dela?

3. Tenha uma visão ampla e de longo prazo, observando quais serão as metas de crescimento e como a junção pode acelerar o seu desenvolvimento.

4. Busque replicar práticas validadas e vitoriosas, que podem agregar boas experiências ao seu negócio e trazer benefícios. Isto é, tenha em vista a inovação, mas seja cauteloso com operações muito experimentais.

ESSES TÓPICOS PODEM SERVIR DE GUIA NA HORA DE DECIDIR AMPLIAR E DIVERSIFICAR O SEU NEGÓCIO. Não tenha medo de ousar, mas também não deixe totalmente de lado a análise do perfil mais conservador.

CAPÍTULO 9

MUDAR OS CAMINHOS: SABER DESAPEGAR

Em 2006, a Microlins recebeu pelo terceiro ano consecutivo o Selo de Excelência da Associação Brasileira de Franchising (ABF). Na época, com 15 anos desde a fundação, a rede já havia capacitado mais de 2 milhões de pessoas e contabilizava 50 mil novos alunos por mês.

Esse crescimento exponencial me motivou a preparar a Microlins para ganhar um novo sócio, para o que investi na profissionalização de todos os setores. Durante dois anos, implementei um plano de governança corporativa; o processo reforçava a transparência na gestão, tornando a empresa uma rede de ensino social e ambientalmente correta, pronta para enfrentar os desafios do mercado global.

O objetivo era fortalecer e capitalizar a empresa, criando a possibilidade de expansão com recursos próprios, inclusive com a abertura de escolas em outros países. Tal expansão se daria com a incorporação de outros negócios e também com o crescimento orgânico através da abertura de filiais próprias, que gerariam mais caixa e aumentariam o valor de mercado.

Quando se atinge certo nível de crescimento no negócio, é preciso parar e analisar as estruturas que o mantêm em pé, verificar indicadores de crescimento, números, reavaliar o mercado e entender os pontos fracos; só assim, com cautela e tempo, é possível analisar as possibilidades de crescimento constante e diversificação do negócio. Veja, a ideia era que a Microlins aumentasse o faturamento e ampliasse o número de franquias, talvez criando franquias próprias, mas foi preciso praticar um estudo de governança durante dois anos para entender quais eram os caminhos possíveis para essa ampliação.

E foi assim que começou uma nova fase dentro da Microlins. Em 2008, ela estava pronta para alçar novos voos. Tendo ultrapassado a marca de meio milhão de alunos, seu nome estava consolidado no cenário brasileiro. O momento era excepcional, e duas ótimas possibilidades de sociedade apareceram.

> NOTA: para crescer, a sua empresa não precisa mudar a área de atuação ou criar novos produtos; precisa, sim, conhecer as possibilidades que ainda podem ser exploradas dentro da área de atuação dela.

Paciência e cautela nas negociações

A primeira possibilidade de sociedade foi com a Wizard Idiomas. Fundada em 1987 pelo paranaense Carlos Martins, a empresa já era uma das maiores do ramo no país. A sede ficava em Campinas, no estado de São Paulo, e foi lá que iniciamos as tratativas. Em uma reunião com o empresário e seus filhos, projetamos uma fusão entre a Microlins e a Wizard. Não chegamos a um acordo de imediato. Eles propunham me destinar 24% da nova companhia, enquanto eu queria 26%. Acima de 25%, eu teria direitos legais nas decisões da empresa; abaixo desse percentual, ficaria bastante vulnerável na sociedade.

Para garantir o negócio, Martins acenou com R$ 20 milhões. A transferência do valor, uma espécie de caução dada como garantia do interesse no negócio, foi feita no mesmo dia para a minha conta. Diante disso, eu ponderei, e acordamos assinar um memorando de entendimento com uma cláusula que determinava que, se ao final de um período de trinta dias não chegássemos a uma decisão sobre as participações na sociedade, o negócio não seria concretizado e eu devolveria o valor.

A grandeza do negócio e o fato de que o formato era novo para ambas as partes exigiam muito mais do que o conhecimento do que seria trabalhado a partir dali. Era preciso agir com paciência, sabedoria e tranquilidade para não colocar tudo a perder. Eu queria fechar negócio e sabia que havia interesse do outro lado também, mas, se tivesse pressa, poderia atropelar as coisas e colocar tudo a perder. O que estava em jogo exigia cálculo e calma — tenha em mente que esses fatores são fundamentais quando você se dispõe a ampliar o seu negócio.

> Era preciso agir com paciência, sabedoria e tranquilidade para não colocar tudo a perder.

A outra possibilidade de negociação acontecia paralelamente com o Fundo Pátria Investimentos, mantenedor do Grupo Anhanguera Educacional. Fundada em Valinhos, também em São Paulo, em 1994, a faculdade estava crescendo muito e se consolidava no mercado de educação superior. Neste caso, a proposta era de venda, não de fusão. Aos nossos alunos formados, ofereceríamos a possibilidade de dar sequência aos estudos na rede. Analisando as duas ofertas, optei pela segunda: 30% da Microlins por R$ 25 milhões e mais R$ 20 milhões em debêntures emitidos.

No 29º dia do período estipulado para o acordo com a Wizard, voltei a Campinas e, em uma nova reunião, comuniquei a decisão a Carlos Martins: assinei o distrato do acordo e prometi que até o meio-dia seguinte depositaria os R$ 20 milhões. De lá, viajei para São Paulo. Passei o resto do dia e a noite no escritório do Fundo Pátria, negociando os detalhes do contrato. Por volta das onze horas da manhã seguinte, assinamos os documentos e, antes do meio-dia, o valor da venda já havia sido transferido para minha conta.

A transação logo foi anunciada no jornal *Valor Econômico*. Martins, assim que teve conhecimento da notícia, me ligou para me parabenizar pela articulação. Disse que em meu lugar teria feito o mesmo e que sua admiração por mim era ainda maior. Deixou claro também que o sonho de comprar a Microlins continuava vivo.

Veja, nesse momento, eu havia dispensado uma fusão com uma das maiores franquias de ensino de idiomas do país e, ainda assim, conquistara o respeito e a admiração dos envolvidos na negociação. Agi como profissional e avaliei o que seria mais interessante para mim enquanto empresário, mas não deixei de lado a ética, a humildade e o respeito pelos dois empresários. Isso fez com que eu saísse ganhando em todos os aspectos. Fiz o melhor negócio e me comprometi como homem, como ser humano. Era o ensinamento dos meus pais e a presença deles atuando na minha vida mesmo depois de falecidos.

Nunca abandone os seus valores mais humanos ao cuidar dos negócios. Esses valores o dinheiro não compra.

Fechando negócio

Usei parte do dinheiro para comprar as cotas minoritárias que representavam um terço do total e continuar proprietário de 70% da empresa. Todos os sócios ficaram com dinheiro no bolso e saíram muito satisfeitos.

Aproveitei a negociação e fiz um empréstimo de R$ 25 milhões para comprar contratos de parceiros do nível máster e

Nunca abandone os seus valores mais humanos ao cuidar dos negócios. Esses valores, o dinheiro não compra.

montar dez escolas próprias. Com isso, os 40% de participação que eram pagos aos máster franqueados deixavam de existir, mas a verdade é que nem sempre o bom gestor de franquias é capaz de gerir escolas próprias, uma vez que o foco do negócio muda bastante e a gestão precisa estar voltada especificamente para cada modelo. Admito que errei ao abrir dez unidades ao mesmo tempo. Amarguei nesse caso um prejuízo considerável, o que serviu de aprendizado.

Eu estava crescendo e aprendendo com os meus erros ao mesmo tempo. Havia me tornado o empresário que sabe calcular os passos e enxerga os erros que comete para não os cometer de novo.

> Havia me tornado o empresário que sabe calcular os passos e enxerga os erros que comete para não os cometer de novo.

Recalculando rota

O tempo passou e a sociedade ia bem, mas os objetivos de crescimento não estavam de acordo com o planejado. Eu tinha a forte crença de que a Microlins seria incorporada pelo Fundo Pátria com a compra dos meus 70% ou ainda por meio de troca de ações, que seria um bom plano de saída. A Anhanguera Educacional já era uma sociedade anônima e estava na bolsa de valores. Com a fusão ou integração das empresas, eu me tornaria um acionista do grupo e também poderia vender ações no mercado.

Eu achava que havia atingido o ponto máximo com a Microlins. Era hora de traçar novos planos. Assim, em janeiro de 2010, como, ao contrário da minha expectativa, a Microlins não tinha sido incorporada e a sócia minoritária não havia exercido a opção de compra, comecei a buscar um comprador. O plano traçado não se consolidara, e agora eu tinha espaço e tempo para recalcular as minhas estratégias; não tinha por que temer uma ação drástica com a decisão de vender a empresa.

Realizei algumas reuniões e muito rapidamente recebi uma proposta formal para a compra de 100% da rede. A oferta era de um velho conhecido: Carlos Martins, proprietário da Wizard, que depois de dois anos tentava novamente fazer negócio. Só que, desta vez, de forma muito mais agressiva. Sua meta era consolidar a liderança no setor. O aporte correspondia a dezesseis vezes o valor do lucro da Microlins previsto para aquele ano. Ou seja, ele pagaria pela aquisição da empresa o equivalente a dezesseis anos de lucro.

Senti que era o momento de sair, me capitalizar e começar a escrever novas histórias no franchising brasileiro. Peguei a carta formal, levei aos sócios do Fundo Pátria e dei alguns dias para exercerem a opção. Para minha surpresa, eles toparam vender sua parte também e embolsar os lucros da transação.

Após momentos tensos de negociação, no dia 10 de junho de 2010, a venda da Microlins foi concretizada na sede do Fundo Pátria. Terminava um ciclo, e eu estava pronto para dar início a algo ainda maior na minha vida a partir dessa ação.

Foi um momento de desapego e despedida. Na Microlins, deixei vinte anos da minha vida empresarial. Uma história repleta de paixão e dedicação. Mas eu sabia que era o melhor para mim, para a minha família e para o meu negócio. Tinha chegado a hora de começar a escrever uma nova página em minha trajetória empreendedora.

Com a venda da empresa, uma decisão que havia demandado coragem, eu dava início a um importante capítulo da minha vida e finalmente tomava consciência de algo fundamental na carreira de um empreendedor: é maravilhoso criar o próprio negócio, depositar todos os esforços e energias para fazê-lo crescer e atingir proporções inimaginadas, mas é também crucial saber a hora de desapegar e de virar a página de sua atuação. É preciso saber a hora de mudar a rota e ajustar os investimentos para continuar crescendo e ampliando o seu capital. Se eu não tivesse vendido a Microlins, talvez hoje não estivesse contando esta história, escrevendo este livro e, principalmente, talvez não tivesse criado os negócios que criei.

> É preciso saber a hora de mudar a rota e ajustar os investimentos para continuar crescendo e ampliando o seu capital.

Não tenha medo de mudar e de diversificar os seus negócios. Desapegue quando os números mostrarem que é a hora e siga em frente sem medo de conquistar o que há para ser conquistado.

QUANDO CHEGA O MOMENTO DE MUDAR O CAMINHO, É PRECISO DAR UM PASSO ATRÁS, REAVALIAR A SITUAÇÃO E SABER DESAPEGAR

1. Mesmo com o negócio consolidado, mantenha o olhar estratégico para grandes operações de negócios.
2. Assegure uma capitalização que mantenha sua posição segura após tomar uma decisão importante nesse contexto.
3. Mantenha a cabeça fria para identificar o momento certo de levar a cabo a venda de um negócio.
4. Algo deu errado? Reoriente suas metas e ações, além de enxergar seus erros como oportunidade de crescimento e experiência para nunca mais cometê-los.

CAPÍTULO 10

A VIDA NÃO É SÓ TRABALHO

Não preciso cair no óbvio aqui e dizer que trabalhar é uma das paixões da minha vida. Não tenho preguiça de acordar, ir à luta e fazer o que tem de ser feito, mesmo quando isso exige que eu passe mais tempo no escritório do que em casa, que esteja mais tempo trabalhando do que curtindo a vida e a família. Tenho plena consciência, pela minha história, que só me tornei quem sou hoje por causa do meu esforço e da minha dedicação ao trabalho.

Porém, à medida que os anos avançam e que a vida segue seu fluxo, tenho me deparado com algumas situações que me fazem entender que nem só de trabalho vive o homem. Mais importante do que viver para trabalhar é trabalhar para viver. E esse pensamento não é incompatível com o desejo de ganhar dinheiro. Eu, por exemplo, trabalho para viver, mas condiciono minha mente a aceitar uma vida rica, com tudo que tenho direito e com o conforto que minha dedicação merece. E vivo assim.

> Mais importante do que viver para trabalhar é trabalhar para viver.

Equilibrar os momentos e o tempo da vida pessoal com os diversos compromissos é o que proporciona uma vida longa e plena. Encontrar esse equilíbrio é a chave para mudar a sua percepção do trabalho, da vida e do que você gosta de fazer. Este capítulo é dedicado a apresentar a você o modo de viver que eu levei anos para descobrir e do qual, depois disso, nunca mais abri mão. A descoberta do poder da vida além do trabalho é um divisor de águas no modo de fazer negócios — e de viver!

Nos últimos anos, tenho recebido convites para dar palestras em convenções empresariais e concedido entrevistas para diferentes veículos de comunicação. Em uma revista de circulação nacional, a jornalista escreveu que a minha trajetória renderia um filme cujo enredo se basearia no clássico self-made man, que é como os norte-americanos chamam as pessoas que conseguem subir na vida pelo próprio esforço.

Fico muito honrado com essa distinção e tento, dessa forma, inspirar novos empreendedores. Mas, para chegar onde cheguei, foi necessária muita resiliência, criatividade, honestidade, empatia e dedicação. Ainda hoje, depois de tantos anos de atividade, chego a trabalhar dezesseis horas por dia. Muitas vezes, sacrifico momentos de lazer em nome da carreira. Nada, porém, tira o meu bom humor, e cada novo desafio é encarado com ainda mais motivação.

Com o passar do tempo, fui aprendendo a equilibrar os compromissos pessoais e os profissionais. Tenho me programado, por exemplo, para aproveitar uma semana de férias pelo menos quatro vezes ao ano. As pausas são mais que necessárias: elas recarregam a minha energia, ampliam a minha criatividade e me fazem visualizar o que antes não aparecia com tanta clareza para mim.

Outra coisa de que gosto muito é praticar esporte. Faço isso sempre que posso. Quando jovem, adorava bater uma bolinha. Além do futebol entre amigos, o basquete foi outra paixão. Mais tarde, o tênis virou meu passatempo — é um esporte que sempre me fascinou, pois exige técnica e ousadia. O gosto pela modalidade foi herdado pelo meu filho. Mais recentemente, descobri o golfe. Como já passei dos 50 anos de idade, priorizo a qualidade de vida, realizando exercícios na medida do possível.

Para chegar aonde cheguei foi necessária muita resiliência, criatividade, honestidade, empatia e dedicação.

As atividades de lazer e recreação colaboram para um bom desempenho nos negócios, pois oxigenam o cérebro e tornam a vida mais leve.

O mesmo poder tem a leitura; costumo ler um pouco antes de dormir. Dou preferência às histórias de grandes personagens da humanidade. Meus livros de cabeceira são as biografias de Antônio Ermírio de Moraes, Silvio Santos e Bill Gates.

Em geral, aprecio compartilhar minhas alegrias com as pessoas que me cercam. Sempre agi assim, independentemente da classe social de quem convive comigo. Acho que a forma como trato todo mundo, de igual para igual, me aproxima das pessoas. Além disso, penso que ninguém quer estar com um indivíduo que vive de baixo astral. Não perco tempo falando só de problemas e prezo uma agenda positiva, em que toda a energia seja canalizada para a realização de sonhos. Por isso, sempre digo: quer cultivar amigos? Então não seja chato. Seja alguém que agrega, e não alguém que transfere pessimismo, insegurança e preocupações para as demais pessoas.

Hoje tenho amigos em diferentes segmentos da sociedade. Alguns são celebridades. Essas aproximações aconteceram naturalmente. Ídolos como Chitãozinho e Xororó, Bruno e Marrone, Victor e Leo, César Menotti e Fabiano, entre outros, se tornaram amigos pessoais. Hoje, todos frequentam minha casa e eu, a deles. Nossas famílias se tornaram muito próximas. Sempre que podemos, nos comunicamos e marcamos uma festa ou um jantar de final de semana e até programamos viagens juntos. Compartilhamos muita coisa e nunca houve segundas intenções de parte a parte. Evito misturar amizade com negócios. Até já aconteceu, mas hoje em dia, para me associar a alguém, é necessário que o parceiro comercial viva diariamente o empreendimento, coisa que é quase impossível para uma pessoa famosa.

Um dos meus maiores prazeres é reunir as pessoas que admiro em uma roda de viola. Estar entre amigos, me permitir compartilhar momentos de lazer e alegria com as pessoas que fazem parte da minha vida — para além do trabalho — é o que me mantém vivo e me dá energia para continuar trabalhando e conquistando ainda mais sucesso nos negócios. Demorei muito para perceber a importância desses momentos, mas hoje não abro mão deles, e é por isso que digo que, desde o início de sua trajetória como empreendedor, você deve buscar esse balanço.

Se você de fato der espaço para uma vida com mais elementos, inclusive fora do trabalho, vai construir um legado completo. Deixará a sua história no empreendedorismo, mas também fará diferença na vida das pessoas.

APROVEITAR A VIDA DE FORMA PRAZEROSA É OUTRA FORMA DE COLHER OS FRUTOS DO TRABALHO ÁRDUO

1. Mantenha uma boa relação com seus amigos e, principalmente, com sua família. Como vimos no início deste livro, essa é a base para nossa trajetória.

2. Crie limites para trabalhar. Coloque empenho nas suas tarefas, claro, mas não deixe de lado as horas livres, afinal todos nós precisamos descansar.

3. Tenha hobbies. Faça o que gosta, algo desvinculado do trabalho. Você pode – e deve – fazer o que lhe dá prazer para se manter motivado a continuar trabalhando.

4. Tire férias. O descanso é primordial para recarregar as baterias e continuar trabalhando com energia.

5. Abra espaço para uma vida com mais elementos para construir um legado completo. Assim, fará história no empreendedorismo e na vida das pessoas.

DEPOIMENTO

UM CARA QUE AMA AJUDAR

Quando o Semenzato conheceu a minha Fundação, logo colocou a Microlins e o Instituto Embelleze para ajudar toda a comunidade. Esteve presente na Fundação por muito tempo. Foram mais de dez anos de parceria.

Uma vez, quando viajávamos para mais uma inauguração da Casa X, o avião foi atingido por um raio. O Semenzato estava do meu lado direito, e eu estava com meu cachorro. A cabine despressurizou, máscaras caíram, e o Semenzato, que é sempre muito falante, não falou mais nada durante a viagem. Ele foi outra pessoa no avião, acho que até na vida. Então, posso dizer que conheço o Semenzato de antes desse episódio, que poderia ter sido bem pior, e o de agora. Ele é uma pessoa muito diferente.

Mas o que importa mesmo são nossa parceria e nossa amizade, que surgiram naturalmente quando ele chegou para me ajudar na Fundação e continuaram com ele sempre me trazendo outras pessoas para me apoiar, assim como oportunidades, como a Espaçolaser e outras. Sempre que pode, ele está perto de mim para me ajudar.

O Semenzato é o tipo de pessoa que, se eu ligar dizendo que um amigo está precisando de um toque, vai lá e ajuda esse amigo numa boa. É um cara que veio de baixo, que cresceu com muito suor, com muito trabalho.

Se eu pudesse resumir o Semenzato, diria que é um cara família, que ama luz, ama o microfone, ama o palco e ama aparecer, mas também é um cara que ama ajudar — e ajuda muita gente.

Maria da Graça Xuxa Meneghel

CAPÍTULO 11

PASSANDO O BASTÃO

O impacto emocional da venda da Microlins foi tão grande que precisei dar um tempo nos negócios e tirar um período sabático com a minha família. A maior parte do dinheiro da transação deixei em um fundo exclusivo, para investimentos futuros.

Em julho de 2010, eu e minha família decidimos viajar para a Europa. Rodamos pela Itália e depois pela França. Na sequência, conhecemos os Estados Unidos.

A minha ideia era curtir a vida com a esposa e os filhos, coisa que até então não tinha feito. Foram momentos inesquecíveis. Nos divertimos muito, e essa experiência nos uniu ainda mais. Vivia naquele instante um grande sonho: compartilhar em família o amor e o sucesso profissional.

Entretanto, lá pelo quarto mês de férias, eu passei a me sentir ansioso, improdutivo. O período me trouxe muitas reflexões. Uma delas foi sobre como manter aquele padrão de vida, com viagens pelo mundo. Os gastos estavam muito altos. Em minhas projeções, o dinheiro aplicado não seria suficiente para sustentar esses privilégios pelo resto da vida. Se ficasse comendo os juros, em dez ou vinte anos eu não teria mais nada. Vi que, se não voltasse a empreender, talvez não tivesse dinheiro para os próximos quarenta anos.

Vendo que a conta não iria fechar, comecei a trabalhar fortemente em um plano de retomada da carreira. O fruto dessa inquietude foi a criação da SMZTO, um grupo de investimentos em franquias. Eu estava com 43 anos na época, e um pensamento recorrente me vinha à mente: como uma pessoa com a minha idade poderia parar de trabalhar? Para mim, não fazia sentido. Embora eu estivesse feliz com a venda da Microlins, com os momentos que vinha compartilhando em família e com o estilo de vida recém-descoberto, no qual o trabalho não era o centro de tudo, não conseguia conceber a ideia de não trabalhar mais ou de não ter um negócio próprio.

Havia um horizonte enorme e novo, e me vinham à memória as palavras de diretores e executivos durante a transação da Microlins, que diziam que eu logo estaria pronto para outras empreitadas, que viraria um tubarão e começaria tudo novamente. Eles não estavam errados.

No quarto mês, eu já não aguentava mais ficar parado e tomei a decisão de voltar às atividades. Em seu íntimo, minha esposa e meus filhos sabiam que mais cedo ou mais tarde isso aconteceria.

As oportunidades reaparecem

Numa conversa com um marqueteiro e uma pessoa muito próxima a mim sobre a decisão do nome — Grupo Semenzato ou Grupo SMZTO —, contrariei as expectativas e criei uma marca com uma simbologia que remetia ao meu nome, mas não era ele propriamente dito. Havia uma separação entre o Semenzato e a SMZTO. Em novembro de 2010, me instalei provisoriamente numa sala alugada na Vila Olímpia e fundei a SMZTO.

Eu tinha um sonho grande naquele momento. Estava muito certo, muito motivado a construir um grupo multissetorial de investimentos em franquias, embora as coisas ainda não estivessem muito nítidas na minha cabeça — era como um sonho, um projeto, uma grande ambição, ainda sem a clareza de como iria se concretizar. Decidi alugar um escritório de 400 metros quadrados na rua Gomes de Carvalho, na Vila Olímpia, e chamei um arquiteto; disse para ele: "Quero que a decoração tenha meia dúzia de cubos coloridos, cubos abertos, em que você possa entrar por um lado e sair por outro, todos intercalados". E assim foi feito. Tinha cubo azul, vermelho, laranja, amarelo. Parando para pensar, hoje cada cubo desses acabou representando as marcas que doze anos depois estariam ali, com propósitos complementares entre si.

O início da nova fase foi marcado por um acaso. Eu sempre cortava o cabelo com o Jassa, que ficou conhecido por atender Silvio Santos e outras personalidades, em seu salão na rua Iguatemi, a uma quadra e meia do L'Entrecôte de Paris, também na Vila Olímpia. Um dia, ele me convidou para almoçar no restaurante e para minha surpresa me apresentou ao Rodrigo, o proprietário. Bastou experimentar o cardápio e conhecer a proposta do restaurante para ver que ali havia uma ótima oportunidade para o modelo de franchising.

Dois meses depois, eu estava assinando a compra de 70% da empresa por R$ 1,6 milhão — foi o primeiro cheque de aquisição que fiz na época, além da minha primeira experiência de aquisição de um negócio já testado. Fiquei sócio e passamos a inaugurar franquias por todo o Brasil. Foi um sucesso!

Assim, meio que por obra do destino, lancei o meu primeiro projeto multissetorial.

A notícia correu o mercado e, como eu estava capitalizado, fui procurado por empresários de vários segmentos e donos de negócios de todos os tamanhos.

Por ter feito a Microlins, que custou R$ 1, do zero, e o Instituto Embelleze, que custou R$ 1, do zero, eu tinha como premissa que criar negócios novos era melhor do que comprar *equity* de empresas já testadas. Naquele momento, eu nem considerava comprar participação de negócios testados. A minha experiência até então era de fazer negócios novos do zero.

Com o tempo, fui descobrindo ser muito mais vantajoso me associar em menores proporções a uma marca já testada e aprovada. Meu papel passou a ser, essencialmente, o de um investidor de marcas.

> Meu papel passou a ser, essencialmente, o de um investidor de marcas.

Foi o caso da OdontoCompany, que era um sucesso consolidado em São José do Rio Preto. Paulo Zahr era um dentista muito respeitado na região, onde atendia havia trinta anos. Tinha uma vasta clientela em suas duas clínicas, que eram de porte médio, e sabia operar o sistema — um modelo ideal para ser replicado.

Em 2011, no mesmo padrão de negócio do L'Entrecôte de Paris, comprei uma participação na OdontoCompany. Mais uma vez, deu certo: em nove anos, nós a tornamos a líder em clínicas odontológicas no Brasil. Uma história consagrada, marcada pelo pioneirismo no uso de técnicas avançadas em ortodontia, dentística, estética, endodontia, implantodontia e outros procedimentos que utilizam a mais alta tecnologia, com segurança e conforto em todas as etapas de cada tratamento. Hoje, são aproximadamente 2.300 clínicas e projetamos chegar a 5 mil clínicas.

Como já havia feito com a Microlins, investi forte em mídia, tendo como primeiro garoto-propaganda o apresentador Ratinho e, mais recentemente, Rodrigo Faro. A marca é presença constante em vários outros programas de televisão.

Em 2019, fizemos uma aquisição importante de cotas de sociedade da Oral Sin, empresa líder em implantes na área de odontologia no Brasil, que vai agregar ainda mais.

Nunca abandonei a intuição, mas, para um negócio realmente dar certo, é preciso que seja muito desejado. Em uma análise mercadológica, priorizo setores para os quais o mundo está convergindo e abandono de imediato aqueles que estão em declínio.

Há muitas outras nuances que devem ser pesadas na hora de abrir uma franquia, como a regionalidade e a sazonalidade do produto.

Também aprendi a não fazer nada sozinho. Os empreendimentos devem contar com sócios que sejam comprometidos e que entendam da área. Dividir para multiplicar. Esse é o raciocínio.

Sem um sócio operador, é muito mais difícil sair do chão. Algumas experiências frustradas comprovaram isso, como detalho no box a seguir.

Em vários empreendimentos, investi um bom dinheiro — no total, apliquei em torno de R$ 2 milhões. Mas, infelizmente, os negócios não eram autossustentáveis. Nessas empreitadas, respeitei os contratos, mas deixei de investir nas marcas.

1. O MIXIRICA. Tivemos a ideia de abrir um restaurante especializado em sucos e saladas. Saímos do zero. Criamos a marca e o menu. Mas, sem sócio especialista, o projeto foi uma grande frustração.

2. O DONAS COZINHA CRIATIVA foi outro investimento que teve três unidades e não saiu disso. Além de servir pratos quentes e frios, o restaurante foi o primeiro a oferecer sanduíches no modelo self-service. Mesmo assim, não decolou.

3. O REI DO PICADINHO também nasceu do zero, na prancheta. Investi uma fortuna em um espaço na avenida Brigadeiro Faria Lima. O negócio inaugurou, voou e morreu.

4. O PRAQUEMARIDO, que oferecia todo tipo de serviço residencial, seguiu na mesma toada. Ficamos sozinhos na administração, sem um histórico no setor, e foi mais uma decepção.

5. **A CASA DO SORVETE JUNDIÁ** tinha um sócio fundador, mas que só cuidava da indústria, e não havia quem dominasse a operação. A fábrica, nascida em Jundiaí, São Paulo, já era conceituada e franquearíamos lojas e quiosques. O projeto também teve vida curta.

6. O **YAKISSOBA FACTORY** foi uma das últimas tentativas a parar no meio do caminho, no ano de 2013.

Em 2011, 2012 e 2013, comecei a entender que esses negócios que nasciam do zero levavam no mínimo três ou quatro anos para serem validados. Logo, era um custo com o qual eu não contava quando entrava no negócio. Além disso, por todo esse tempo, eles exigiam uma dedicação que tomava minha agenda, meu tempo, e que, no final, tinha um preço, um valor investido.

Os erros serviram como aprendizado. Nos anos seguintes, como contarei em detalhes, parei de apostar em ideias e passei a investir em negócios já testados. Assim, pavimentei o futuro da SMZTO, que passaria a investir apenas em negócios maduros, com vinte ou trinta unidades em operação.

Uma das poucas criações em que me lancei, ainda em 2013, sem ter um sócio operador foi a Casa X. Só que nesse caso era mais fácil administrar, pois eram 25 casas de festa, um número limitado de unidades. Outro fator que colaborou foi o comprometimento da minha sócia, a Xuxa Meneghel, com quem eu já tinha amizade e uma relação de negócios, uma vez que colaborava ativamente com a Fundação Xuxa Meneghel. A apresentadora participou de ponta a ponta da gestação do projeto, opinando em tudo.

Ser sócio de alguém como a Xuxa chancela o empresário como uma pessoa séria, que tem responsabilidade social, que cuida da governança e do compliance e que escolhe as melhores práticas para vencer na vida. Essas características constituem um líder vencedor.

Ser sócio de alguém como a Xuxa chancela o empresário como uma pessoa séria, que tem responsabilidade social, que cuida da governança e do compliance e que escolhe as melhores práticas para vencer na vida. Essas características constituem um líder vencedor.

Ninguém vai ficar rico ou ser bem-sucedido se não for dessa forma. São características que eu e a Xuxa temos em comum, e que tento passar para os jovens que estão em busca de uma oportunidade na vida, como foi o meu caso: agir sempre com ética, obedecendo às leis e respeitando o meio ambiente, sem tirar vantagem nas relações com o próximo.

Dessa relação harmônica nasceu uma segunda sociedade, a Espaçolaser, empresa especializada em depilação a laser. Seus proprietários, Paulo e Igor, já haviam me procurado em 2011, quando eu ainda estava começando a SMZTO.

Na época, eles me apresentaram um negócio com indicadores muito fortes. Embora tivessem cinco clínicas, achei que não estavam prontos para a franquia, pois me parecia que ainda lhes faltava a cultura no mercado. Ficaram decepcionados, mas disseram que fariam a lição de casa e voltariam.

Quatro anos depois, eles me procuraram novamente, dessa vez prontos para um acordo. Falei que topava a sociedade, investiria no negócio, mas com a condição de ter mais uma sócia e garota-propaganda: Xuxa Meneghel. Obviamente, eles adoraram a ideia. Então, levei a proposta a ela, que me pediu para testar a máquina em casa.

"Não consigo entrar em um negócio sem conhecer. É diferente da Casa X, que é a minha vida, sei de todos os detalhes. Se o método realmente faz bem para as pessoas e se for bom para mim, aí vou entrar e recomendar", ponderou Xuxa.

Eu e os sócios saímos atrás de uma máquina e de um operador para começar as aplicações. Alguns meses depois, ela e a família comprovaram a excelência do serviço, e o acordo foi fechado.

Em sete anos de sociedade, já são 550 clínicas instaladas no Brasil e na Argentina, sendo seiscentas próprias e mais de cem franquias. Hoje, a empresa é considerada a maior e mais indicada rede de depilação a laser do mundo, com mais de 2,2 milhões de clientes e 20 milhões de procedimentos.

Também nesse negócio, a Xuxa se envolveu profundamente, dando opiniões na campanha de criação da marca e participando do processo de lançamento da nova fase da Espaçolaser.

Fizemos juntos o IPO em fevereiro de 2021, um sucesso, gerando mais empregos e oportunidades.

> **O QUE É IPO?**
>
> IPO — siga para Oferta Pública Inicial — é a estreia de uma empresa na bolsa de valores para venda de ações ao público geral.

Família também pode fazer negócios

Durante esse tempo, paralelamente, aconteceu um misto de coisas. Em 2011, com 19 anos, o Bruno, meu filho, após treinar e se capacitar com o Larri Passos e rodar o mundo jogando tênis, decidiu, em conjunto comigo, que não valeria a pena continuar naquela trajetória. Ao mesmo tempo, queria usar a experiência obtida no tênis e fazer uma faculdade nos Estados Unidos, e então foi estudar economia, finanças e políticas públicas na Universidade Duke, uma das melhores do mundo, pela qual continuou jogando tênis — ele fazia o que gostava e estava se capacitando.

De 2014 para 2015, o Bruno voltou formado para o Brasil. Nesse momento, a gente teve uma conversa para ponderar como ele seguiria dali em diante: fazer sua carreira executiva solo, empreender, trabalhar para terceiros e ajudá-los a ganhar dinheiro, ou entrar na SMTZO e ajudar na transformação do negócio?

A visão global, mundial, internacional sempre foi um limitador meu, fosse pela falta de fluência no inglês, fosse pela falta da própria convivência internacional. Já o Bruno, ao contrário, estava muito ambientado a isso naquele momento. Assim, decidimos que era melhor ele mergulhar na empresa. Bruno começou praticamente como um estagiário, conhecendo todos os departamentos — passou por cadastro de clientes, expansão de franquias, marketing, financeiro —, e então passou a me provocar para que nosso caminho a partir de 2015 fosse uma jornada diferente, não mais entrando em negócios não testados ou experimentais, e sim assinando cheques e comprando participações em negócios testados.

Quando ele me trouxe esse insight, perguntei para ele: "Você tem certeza do que está me dizendo? Todos os grandes negócios que fiz foram trocas de know-how, aporte meu de experiência em franchising. Nunca fiz cheque para entrar em negócio".

"É, pai, mas a partir de agora você vai precisar começar a fazer, porque quero cortar três ou quatro anos da jornada", ele me respondeu. "Não vamos mais esperar três ou quatro anos para saber se o negócio tem ou não potencial. Nós vamos sair comprando e investindo em negócios já testados. O seu crescimento vai ser exponencial. Você vai fazer cheque, mas vai ter menos mortalidade das empresas, porque, de cada cinco que comprar, cinco vão dar certo. E hoje, de cada cinco que você começa, talvez uma dê certo. As outras quatro, você acaba tendo de fechar."

E, de fato, várias histórias tinham sido encerradas porque não foram bem-sucedidas — porque os negócios não resistiram ao período experimental.

Entre 2015 e 2016, a gente começou essa jornada já considerando a montagem de um departamento de investimentos, que o Bruno passou a estruturar. Ele trouxe alguns colegas muito bem formados e montou o time de investimentos, e nós passamos a olhar para o mercado num processo inverso: não esperávamos mais as pessoas nos procurarem para investir na empresa; nós é que saíamos atrás das teses de investimentos.

E a primeira tese que o departamento de investimentos montado pelo Bruno trouxe para deliberarmos e avaliarmos foi a OAKBERRY. Também foi o primeiro cheque efetivo que fizemos para comprar uma participação minoritária em uma empresa. Hoje, a marca cresce com possibilidades de se tornar a maior do mundo no setor de açaí. Os planos são ambiciosos, porque há muito a explorar — o produto, que é brasileiro, está ganhando mercado em vários países.

Com a nova estratégia, ganhamos tempo deixando de investir do zero em ideias de negócios; economizamos dinheiro porque, quando colocamos investimento em negócios sustentáveis já existentes, o crescimento é garantido. Mais que isso, ganhamos em governança, porque a SMZTO passou a ser um braço de apoio no crescimento das companhias investidas ao mesmo tempo que aporta a experiência de sua trajetória bem-sucedida, com erros e acertos, e sua bagagem, o que faz toda a diferença seja na composição dos conselhos, na nomeação de executivos, no respeito às regras de compliance ou na implantação de tecnologia. Está neste último fator a transformação digital que provocamos por meio de um investimento muito sólido e robusto na área de marketing.

Acho interessante mencionar que a lógica de comprar um negócio testado, no nosso caso, é semelhante à de um empreendedor iniciante que, em vez de começar um inteiramente novo, do zero, opta por comprar uma franquia. A franquia exige do empreendedor disciplina, capacitação, dedicação, tomada de decisão, ou seja, vai exigir todos os atributos que ele teria de demonstrar em uma empreitada sozinho. Com uma grande diferença: esse empreendedor vai investir em um negócio que está testado, que o consumidor já

> A franquia exige do empreendedor disciplina, capacitação, dedicação, tomada de decisão.

aprovou, que tem uma marca e produtos validados e desejados pelo consumidor.

Quero mostrar aqui que também é possível empreender com baixo risco. Talvez custe um pouquinho mais, porém são escolhas que a gente precisa fazer. Acho muito interessante a correlação entre comprar negócios testados e abrir franquias, e ela pode servir para ilustrar um aprendizado importante para você, leitor.

No dia em que ingressamos em uma companhia, começamos um processo que chamamos de criação de valor, que não termina nunca. Esse processo passa por todas as áreas da companhia, criando um ambiente extremamente agradável para sócios e executivos por meio de planos de incentivo de longo prazo. A gente cria planos de *stock options* nos quais os executivos são direcionados para ter participação nos resultados que entregam à companhia. Essa conduta também permeia toda a estrutura da SMZTO. Aqui, todos são orientados para resultados. Esse é o segredo do sucesso da SMZTO neste momento.

Depois da OAKBERRY, começaram a aparecer outras teses. Surgiram o Instituto Gourmet, dando sequência aos investimentos no setor de educação; a tese da economia circular, com o brechó Peça Rara; a tese da economia prateada, com a Terça da Serra; e, mais recentemente, a ideia de fast-food de sobremesas, com a Nanica.

Treinar o olhar para reconhecer novos negócios é crucial para se tornar um empreendedor e, mais do que isso, para abrir-se ao novo. A chegada do Bruno à empresa mudou minha maneira de fazer negócios. Se eu tivesse sido resistente às ideias dele, talvez não

Desafie-se a sempre conhecer mais do seu mercado e do seu nicho para continuar crescendo e ampliando o lucro do seu negócio.

estivesse onde estou hoje — talvez eu estivesse ganhando menos dinheiro. Desafie-se a sempre conhecer mais do seu mercado e do seu nicho para continuar crescendo e ampliando o lucro do seu negócio.

DEPOIMENTO

UM POTENCIALIZADOR DE SONHOS PESSOAIS E PROFISSIONAIS

Sou muito grata por poder aprender com o Semenzato no ambiente de trabalho, além do dia a dia da vida como filha. Apesar de ter empreendido por muito tempo em um período em que as coisas eram bem diferentes das atuais, o meu pai dá muita abertura e voto de confiança para experimentarmos coisas novas. Ele gosta de escutar nossa visão e opinião sobre o que mudou nesses últimos anos, e tudo flui muito bem.

Qualquer reunião com ele é uma aula, porque ele realmente tem sempre uma visão extraordinária para complementar. Mas, ao mesmo tempo, não tem moleza, ele dá feedback negativo, sim, bate o pé em coisas que acredita não ser o ideal por já ter vivenciado situações semelhantes, exige prazos, explicações, planos robustos e detalhados, tudo normal.

Sonhar grande, sem dúvida, é uma das características mais presentes dele em casa e no trabalho, desde as decisões mais simples do dia a dia até as mais estratégicas de um negócio. Qualquer ideia que você levar para ele, ele sempre vai dar um jeito de enxergar dez vezes maior, apresentando novos caminhos.

O Semenzato é arrojado. É daquelas pessoas que não têm medo de chamar a responsabilidade e fazer mais do que o esperado ou o que seria comum, e consegue passar essa confiança e motivação para todos os envolvidos no trabalho ou projeto. Em cinco minutos de conversa com ele, você sai com determinação, motivação e visão clara do que precisa ser feito, de uma forma que jamais sentiu antes.

E isso é o que o diferencia. Nada é impossível. O foco está sempre no longo prazo, na visão de futuro e no grande potencial.

O Semenzato gosta de construir laços duradouros, encontrar parceiros éticos e sérios como ele, que topam surfar muitos e muitos anos no mundo dos negócios com ele. Você nunca vai ver o Semenzato passar a perna em alguém. Pelo contrário. Ele valoriza demais uma união de longo prazo e as pessoas que estiveram com ele em cada projeto, como por exemplo no primeiro grande sonho, que foi a Microlins. Até hoje, fornecedores, colaboradores, que começaram pequenos lá atrás com ele, que deram um voto de confiança aos sonhos que ele tinha, que ajudaram a abrir portas, estão com a gente. Ele gosta de crescer junto e de manter esses laços.

No lado pessoal, o Semenzato é muito, muito alto-astral, divertido e espontâneo. É difícil você encontrar ele com energia baixa. Ele adora estar com a família, com a casa cheia e com os amigos. E isso se relaciona muito com a forma com a qual ele encara o dia a dia no trabalho, sempre para cima, recebendo empresários e pensando em novos projetos.

E ele é aquele pai que escuta muito os filhos e dá muita abertura para você compartilhar tudo o que acontece no seu dia a dia — as aflições, as conquistas. Isso é muito bom. Construímos um laço de confiança, amizade e respeito entre todos da minha família (mãe, pai e irmão), o que, na minha visão, é um grande diferencial de como levamos a vida.

Essa união e parceria que sempre tivemos dentro de casa, com muito respeito ao próximo e muita união, se refletiu nos princípios que temos na empresa, no dia a dia da SMZTO com colaboradores, sócios, franqueados e fornecedores. E isso também faz com que a nossa relação no trabalho seja muito boa.

Beatriz Semenzato

CAPÍTULO 12

UM TIME RENOVADO E ANTENADO

Em 2018, o Bruno assumiu a área de Novos Negócios da SMZTO. Hoje, é o CEO da empresa. Ele tem uma veia mais estrutural. Atua diretamente na estruturação de projetos e na montagem de fundos.

Tem um perfil de executivo muito disciplinado. Uma vez aprovado o orçamento do ano e criadas as diretrizes, o que uma empresa precisa é de disciplina para executar o plano, mas também a capacidade para fazer os ajustes e desvios necessários quando a situação assim exigir. Hoje, temos um time que não fica pulando de galho em galho, mudando as estratégias no meio do jogo. Se aprovamos o orçamento, aprovamos a estratégia, tentamos manter a bola em campo, como em uma partida de tênis. A disciplina nos negócios é tão importante quanto no esporte. Você não pode ficar mudando de estratégia a cada dois ou três meses, a cada momento acreditando em uma verdade diferente. Você precisa traçar um plano de médio e longo prazo e perseguir esse plano. Isso não quer dizer que não possa fazer correções de rota, mas tem de se manter no jogo. Não errar e permanecer na estratégia previamente definida: é isso o que tem feito a diferença no nosso negócio.

Com a chegada do Bruno, passamos a aplicar definitivamente o conceito de investimento baseado no controle ou na compra de participações minoritárias de empresas alinhadas e com garantia de sucesso. Uma de nossas prerrogativas é que o sócio fundador domine o business e esteja presente no dia a dia do negócio.

Essa virada de chave com a chegada do Bruno — com uma nova mentalidade, trazida da academia, segundo a qual comprar negócios testados, validados, é muito mais barato do que pagar R$ 1 por uma ideia, uma aquisição, ou do que começar um negócio do zero — fez toda a diferença. Em 2015, não tínhamos nem mil franquias; hoje, em 2022, projetamos mais de 4,5 mil unidades operacionais. Isso significa um crescimento vertiginoso.

Mas mais importante do que esse crescimento quantitativo é a *valuation* da companhia. O Semenzato começou um ciclo com R$ 80 milhões a R$ 100 milhões no bolso em 2010 e, na virada de 2021 para 2022, os ativos são superiores a R$ 2 bilhões, consolidados como *valuation* e precificação de mercado das companhias investidas — falando especificamente da participação da smzto nas companhias investidas.

Nos primeiros anos após a chegada do Bruno, o time foi todo revitalizado, o que trouxe à companhia um espírito jovem, com um DNA digital, disruptivo, conectado, pautado em processos. Os únicos com mais de 40 anos que sobraram fomos eu e o CFO; o restante do time foi oxigenado, substituído por essa liderança nova, alinhada com o futuro dos negócios no mundo. Minha missão é preparar essa geração que vai dar continuidade ao legado. Bruno e Beatriz se inserem num novo jeito de pensar, de levar o produto até a casa das pessoas e de estar em conexão com as melhores práticas do mundo corporativo global. Preciso deixar a juventude construir o futuro. Tenho a clara visão de que a experiência e o feeling são importantes, mas os dois, que um dia vão me substituir, devem estar prontos para os novos desafios, como as mudanças no varejo e o nascimento

> Minha missão é preparar essa geração que vai dar continuidade ao legado.

diário de startups. Só assim não nos tornaremos uma empresa velha, presa ao passado.

É um orgulho ver o meu filho já se destacando e observar que Beatriz, a minha filha, vai pelo mesmo caminho. Ele é racional, enquanto ela é mais coração. Está sendo preparada para ser a emoção nessa sucessão. É parecida com o pai, mais visionária e criativa — sem abrir mão do estudo: fala três idiomas e está conectada globalmente. Como é agregadora e expansiva, a Bia será muito importante na construção de relacionamentos sólidos no mercado. Os irmãos se completam de alguma forma, e quem vai ganhar com isso é a empresa.

O impacto da covid-19

Um fato bem relevante nesse novo ciclo ocorreu em 2019, já no novo escritório, no Complexo Cidade Jardim, em São Paulo.

Tudo ia muito bem e, embora talvez não precisássemos, fomos buscar um sócio de grande valor (que por acaso já era nosso sócio na Espaçolaser desde 2016), a L Catterton, o maior fundo de private equity do mundo. Negociaram com a gente a compra de uma participação minoritária na OdontoCompany, empresa da qual eu e o fundador, Paulo Zahr, tínhamos 100% de capital.

O aporte de R$ 220 milhões foi importante para capitalizar a companhia, sendo que R$ 120 milhões foram para o caixa dela e R$ 100 milhões, para os sócios.

No ano seguinte, 2020, estourou a pandemia de covid-19 no mundo. E a experiência e a serenidade fizeram com que nós entrássemos preparados nesse momento de turbulência extrema.

A OdontoCompany, a maior companhia dos nossos investimentos, estava totalmente capitalizada; as pessoas físicas dos sócios e o grupo SMZTO estavam totalmente capitalizados. Isso nos deu tranquilidade desde a largada da pandemia para apoiar os franqueados e sócios em suas investidas, dando a eles um conforto e uma orientação muito sólidos em relação à preservação de caixa e às priorizações. Assim, a gente conseguiu não apenas sobreviver ao primeiro ano de pandemia, mas ter um forte crescimento, inclusive batendo as metas da SMZTO em 2020.

Naquele momento, a experiência de ter quebrado no passado, de ter vivido o Plano Real e vários outros planos econômicos ao longo da minha trajetória, trouxe a serenidade para poder criar um plano de ação para cada empresa investida: suspendemos investimentos ou despesas que não fossem ordinários ou necessários, renegociamos contratos de aluguel, preservamos o caixa. A criação de um plano customizado para cada negócio fez toda a diferença. Embora naquele instante não soubéssemos se a pandemia iria durar trinta, sessenta, noventa dias ou um ano — e a força maior dela durou mais de dois anos —, saímos praticamente ilesos do primeiro ano.

O ano de 2021 foi bastante peculiar. Foi quando realizei um grande sonho, um que a maioria dos empresários passa a vida querendo realizar. Há quem diga que o empreendedor bom é aquele que consegue fazer um IPO, ou seja, uma oferta pública inicial. Não acho que seja o empreendedor bom, mas sim aquele que está preparado e que tem sorte — sendo que sorte é o encontro da preparação com a oportunidade. Bem, o Semenzato estava preparado, no lugar certo, na hora certa.

Assim, a data de 1º de fevereiro de 2021 — da mesma forma que o dia da fundação da minha primeira empresa, da mesma forma que 10 de junho de 2010, quando vendi a minha primeira empresa — fica guardada como uma das mais importantes da minha vida. Foi nesse dia que eu e os fundadores da Espaçolaser, abrimos o capital da companhia. Captamos no mercado R$ 2,6 bilhões, sendo que a maior parte desse capital foi revertida para aquisições de franqueados, de acordo com a estratégia alinhada pelos sócios-fundadores.

Meu debute, a ida à B3 para apertar o botão da bolsa, foi um momento de alegria, de euforia, de muita festa. Realmente me realizei com a abertura de capital de uma companhia de cujo corpo societário eu fazia parte, de cuja história eu fazia parte.

Num momento como esse, além do sentimento de dever cumprido, você recebe uma espécie de chancela, uma certificação — você escreve seu nome na história. O aspecto motivacional é maior do que o aspecto financeiro. Essa não foi a primeira vez que coloquei a mão em uma liquidez importante; primeiro teve a venda da Microlins, depois as vendas de participações minoritárias.

Há uma história totalmente nova a ser contada na Espaçolaser. O tempo vai contá-la melhor do que eu seria capaz de prevê-la agora — tentar prever o futuro de uma companhia de capital aberto, com todos os potenciais desafios e aprendizados, é muito difícil.

Mas o fato é que, na economia do país, terminamos 2021 em um cenário bastante catastrófico — porém nada muito diferente do que já vivenciei. O ano iniciou com uma taxa Selic de 2% e terminou com fortes indicadores de que ela chegaria à casa de dois dígitos em 2022, por volta de 13,25%, algo histórico e que prova que este país não é para amadores. Ainda assim, em 2021 a SMZTO bateu novamente as metas, ultrapassando 3,5 mil franquias em operação, fazendo R$ 4,5 bilhões de *sellout* — um número estupendo para quem havia iniciado a década anterior com duas clínicas da OdontoCompany, um restaurante L'Entrecôte de Paris e alguns milhões de sonhos na cabeça. Foi realmente uma década de consagração, de muito sucesso. Esses números são gigantes, nababescos do ponto de vista de realização.

Já 2022 despontou como um ano bastante desafiador. Tivemos o começo da guerra entre Rússia e Ucrânia, a qual praticamente desmontou o cenário macroeconômico no mundo, pois mexeu com commodities, com as economias europeia e americana, e gerou uma inflação galopante no primeiro semestre. Aqui, não foi diferente. O Brasil é um país que demanda muita resiliência, muita capacidade de adaptação, muito sonho para poder suportar a dor de estômago, a adrenalina, a euforia de, praticamente todos os dias, dormir de um jeito e acordar de outro e ainda assim manter a lucratividade, a satisfação do consumidor e o crescimento dentro do ecossistema dos negócios.

Na SMZTO, a gente termina junho, o momento em que encerramos esta página de nossa história de investimentos, com a meta de mais de 4,5 mil franquias em operação e de mais de R$ 6 bilhões de *sellout* nas franquias. São metas que poderemos aferir na próxima edição ou na continuidade da história do Semenzato, que se funde, se mistura, com a história da SMZTO. Espero, daqui a alguns anos, voltar para contar se as batemos ou não e como foi o término desse ano emblemático para o mundo.

Aprendizados com o *Shark Tank Brasil*

Outro fato que marcou o ano de 2019 foi o convite que recebi para ser um "tubarão" no programa *Shark Tank Brasil*, da Sony. Considero essa participação um prêmio de reconhecimento da emissora e da classe empresarial brasileira pelos anos que dediquei ao empreendedorismo. Mas, muito mais que uma conquista pessoal, a presença no programa tem para mim uma importância social, pois me aproxima da missão e dos valores da SMZTO e me permite contribuir para o surgimento e o crescimento de novos empreendedores. O projeto é muito inspirador por me permitir devolver aos jovens um pouco do conhecimento e da experiência que o mercado me deu. O maior prazer de ser um jurado-investidor no *Shark Tank Brasil* é exatamente contribuir com mentoria, experiência e conselhos para que esses jovens tenham sucesso com suas ideias. É possível também colocar algum investimento nesses negócios para ajudá-los a crescer e torná-los muito relevantes no futuro.

Além disso, eu aprendo muito no *Shark Tank Brasil*. Ele me obriga a estar antenado com as teses que estão em voga no mundo. E faz com que eu, um especialista em franquias, precise entender como funciona uma startup, por exemplo, ou saber sobre indústria, tecnologia, marketplace — setores que não são o meu *core business* e que não fazem parte do meu dia a dia. O programa obriga que eu me torne um generalista.

Pensando no futuro, mas sempre revisitando as experiências do passado

Do jovem Semenzato que empreendia por necessidade, passamos para uma empresa que empreende por propósito, e a chegada do Bruno foi um divisor de águas nesse sentido. Com ele como CEO, investimos em teses, propósitos, preocupações ecológicas e sociais, governança e todos os demais pontos que se apresentam como essenciais no mercado de hoje.

Temos como pilares do negócio a paixão pelo empreendedorismo e o desejo de transformar a vida das pessoas. Além de fortalecer marcas e expandir em larga escala soluções acessíveis que impactem positivamente a vida de milhões de pessoas diariamente, acreditamos em uma nova forma de fazer negócios

Hoje, somos investidores de projetos que já deram certo, que são vencedores. Não queremos inventar a roda.

por meio da união de empreendedores apaixonados com a construção de relações sustentáveis. Nos movemos pela ideia de fazer do franchising brasileiro uma ferramenta para construir negócios sólidos, que gerem valor de ponta a ponta.

Hoje, somos investidores de projetos que já deram certo, que são vencedores. Não queremos inventar a roda.

Os investimentos atuais da SMZTO em economia prateada e economia circular são reflexo de uma equipe antenada, que estuda permanentemente as teses de investimento e as tendências. A partir daí, a gente busca quem está conectado com essas teses vencedoras, é nisso que temos apostado. O último exemplo, no primeiro semestre de 2022, foi a compra de uma participação minoritário na HCC Energia Renovável, bastante ligada à questão da sustentabilidade e do meio ambiente — até 2030, a SMZTO quer ter 100% da energia renovável em suas operações de franquias, e temos alguns pilares mapeados que queremos perseguir dentro da SMZTO.

Além disso, temos levado o ESG, ou seja, a preocupação ecológica, social e de governança, para dentro das empresas, independentemente de seu tamanho ou porte. Se a empresa não tem capacidade de montar um projeto próprio de ESG pleno, ela deve se engajar. Hoje, sou padrinho da Gerando Falcões, ONG que trabalha pela transformação das favelas. De fato, o Edu Lyra, seu fundador, quer aposentar as favelas no Brasil.

> **O QUE É ESG?**
>
> A sigla vem do inglês *Environmental, social, and corporate governance*, que significa governança ambiental, social e corporativa. Trata-se de uma abordagem para identificar de que modo uma empresa persegue objetivos sociais que vão além dos lucros em nome dos acionistas da corporação.

Meu olhar para os próximos dez anos é infinito. Já dá para sonhar com 10 mil franquias em uma década. Se crescemos mais de 4 mil franquias em cinco ou seis anos, é possível pensar em 10 mil.

Quero que a SMZTO se mantenha como uma fábrica de boas iniciativas. A meta será sempre atrair fundos de investimento para tornar esses negócios ainda maiores, para pegar uma empresa que está voando, que caiu nas graças do consumidor, e a elevar a outro patamar. Se é pequena, nós a transformamos em média; se é média, em grande. Deixamos a marca pronta para atrair grandes empreendedores do Brasil afora ou mesmo do exterior.

Depois de começar a vida profissional vendendo coxinha e ser um dos pioneiros do franchising, tenho conhecimento suficiente para contribuir e fortalecer a governança de qualquer empresa. Minha vocação é traçar estratégias de inovação e conectar todos os envolvidos numa reunião de conselho diretivo, para o que lanço mão do meu principal capital: a experiência vitoriosa no setor.

ESTAS SÃO AS PERGUNTAS QUE ME FAÇO SEMPRE QUE ME DEPARO COM UMA NOVA OPORTUNIDADE DE NEGÓCIOS

1. Aonde queremos chegar?
2. Como vamos fazer para chegar lá?
3. De quais recursos precisamos?
4. Recursos são pessoas ou o capital?
5. Onde está o capital mais barato?
6. O que é prioritário?
7. Por onde vamos começar?

Além de ajudar a prover milhares de famílias, inspiramos os colaboradores a acordar de manhã para gerar riqueza, para entregar diariamente um bom serviço para a comunidade.

Esses são os principais questionamentos que coloco na mesa durante as reuniões com meus sócios. Para cada negócio, aplico uma estratégia aprovada no passado. Se vamos falar de restaurante, questionaremos: quem é o consumidor? Quais são os benefícios da alimentação que queremos entregar? Como queremos apresentar esse produto: uma experiência dentro do restaurante ou uma entrega na casa do consumidor? Como buscar a maximização de rentabilidade e minimização de custos? Como fabricar mais barato? Como montar o melhor time para produzir? Quem é o chef que vamos chamar para se conectar conosco e assim conquistar credibilidade?

Já o processo de prospecção é facilitado pelo network que construí no mundo corporativo e no meio artístico. Em 25 anos de atuação, aprendi a conversar com públicos diferentes, a transitar entre eles. E meu conhecimento se une a uma equipe extremamente preparada e competente. Tudo isso é levado em conta na hora da negociação e da tomada de decisões de parte a parte. A SMZTO oferece credibilidade, reconhecimento, know-how, compliance e acesso a um universo de celebridades.

Outro fator que me orgulha e também me enche de responsabilidade é a quantidade de trabalho que proporcionamos: são quase 50 mil empregos diretos. Além de ajudar a prover milhares de famílias, inspiramos os colaboradores a acordar de manhã para gerar riqueza, para entregar diariamente um bom serviço para a comunidade, seja nas clínicas, nos restaurantes, nas casas de festa ou qualquer outro lugar.

Entre as promissoras novidades do grupo, estão a Greenjoy (sucos e saladas) e o Gua.co (comida mexicana). E vamos continuar investindo nos negócios de olho no futuro e apostando alto na inovação, como foi com os visionários cursos de informática criados na distante década de 1990.

O que você leu até aqui é apenas a primeira parte dessa história. Sonhamos, planejamos e vamos construir muito mais. A seguir, na vida — e, em breve, em um próximo livro —, teremos cenas dos próximos capítulos.

DEPOIMENTO

COMEÇANDO UM NOVO NEGÓCIO TODOS OS DIAS

Embora eu tenha aprendido muita teoria nos livros durante a faculdade, de onde, aliás, trouxe alguns insights, foi em dois anos e meio na empresa fundada por meu pai que pude realmente entender a essência do que fazemos para hoje poder analisar a fundo os acertos que tivemos — e, claro, os erros que cometemos.

Comecei a entender a dimensão do meu pai como homem de negócios. O Semenzato foi uma pessoa extremamente empreendedora a vida inteira. Aliás, continua sendo e sempre será. Ele sempre achou que iria fazer a diferença nas companhias em que investisse e capitaneasse — ele é um cara que de fato faz a diferença.

Então, começamos a entender que meu pai, hoje, precisa usar mais o chapéu de investidor do que o de empreendedor. Não poderíamos mais contar com o Semenzato empreendedor no dia a dia das empresas investidas. Por outro lado, contar com o Semenzato investidor faria todo sentido.

Dessa maneira, ele poderia cumprir um grande papel estratégico, levando conselhos valiosos aos empreendedores que tocam a operação das empresas investidas. E, nessa lógica, se ele pudesse participar de dez ou quinze conselhos de administração, dez ou quinze histórias diferentes seriam impactadas de forma simultânea.

Depois desse primeiro ajuste, nosso trabalho é encontrar os próximos Semenzatos empreendedores, que estão empreendendo lá na ponta, pilotando seus negócios com todo o gás, mas necessitando de um Semenzato trinta anos mais velho para os aconselhar. Hoje, esse é o nosso jeito de escalar os negócios, e isso tem funcionado muito bem.

Sobre o atual estágio da empresa, é impossível falar só sobre mim ou sobre meu pai. Hoje, é preciso falar da empresa como um todo.

Temos a oportunidade de compartilhar com ele praticamente todas as grandes decisões, contando com ele ainda muito ativo aqui em assuntos ligados à gestão. No fundo, claro, tenho um senso de que a responsabilidade vai aumentando à medida que ele vai passando o bastão. Mas, para mim, é um movimento muito natural e compartilhado com outras pessoas.

Isso alivia muito a pressão, e ao mesmo tempo também ajuda muito. Porque temos muita complementaridade. Dividimos responsabilidades. Temos várias ótimas pessoas na equipe, enfim, muitas cabeças brilhantes para compartilhar as principais decisões. Dessa forma, nossa preocupação acaba sendo muito mais acertar juntos do que cada um tentar acertar individualmente. E isso resulta em um incrível ambiente de trabalho.

Temos uma dinâmica familiar e profissional bem saudável. Respeitamos muito o ambiente de trabalho e tomamos muito cuidado para que a família não interfira no negócio. E separamos isso muito bem.

Ainda temos uma caminhada muito longa e muita coisa para fazer. Mas quero que, no futuro, sejamos lembrados no mercado pelas relações positivas e pelo valor que criamos por onde passamos. Essa foi sempre uma marca de nosso pai. E será sempre a marca de nossa empresa.

Bruno Semenzato

AGRADECIMENTOS

Não poderia deixar de agradecer aos que me acompanharam ao longo da minha trajetória e me ajudaram a chegar aonde cheguei.

Aos meus queridos amigos e embaixadores, dedico a vocês um grande abraço e muitos obrigados. Para vocês, Xuxa Meneghel, Rodrigo Faro, Ratinho e Edu Lyra.

À Samara, minha esposa, agradeço por sempre acreditar nos meus sonhos e apoiar minhas ambições. Obrigado por estar ao meu lado a cada passo dessa jornada. Agradeço também aos meus filhos, Bruno e Beatriz, que sempre se dedicaram a tudo o que fizeram e que hoje agregam cada vez mais à minha história. Fico tranquilo de ter vocês como meu legado.

Um grande obrigado a todos os meus sócios, máster franqueados, fornecedores e colaboradores. Não posso deixar de nomear as pessoas com quem tenho sorte de poder contar nas diversas empresas franqueadas pela SMZTO:

Na Espaçolaser, Ygor Alessandro de Moura, Tito Virgílio Augusto Veiga Pinto e Paulo José Iazs de Morais. Fernando Luiz Cardoso de Lemos, Marcos Paiva Rodrigues e Tomas Jun Facchini Takemoto na Greenjoy. Na Gua.co, Gabriel de Faria Slenes, Matheus Henrique de Arruda Fattori e Phillip Stafford Martin. Na Belle Club, Luis Augusto Lanaro de Andrade e William Alves de Araújo. No Instituto Embelleze, Jomar Beltrame Fernandes e Itamar Serpa Fernandes. Na L Catterton, Farah Khan, Julio Babecki, Javier Molto e Peter Lohken. Paulo Youssef Zahr na OdontoCompany. Na OAKBERRY, Renato Haidar Filho, Georgios

Puccetti Frangulis, Gustavo Janer, Bruno Soares e Hugo Streit Daibert. Felipe Sapata na Oral Sin. Daniel Saldanha Guedes na L'Entrecôte de Paris. No Instituto Gourmet, Glaucio Athayde, Robson Feijoli Rodrigues e Lucilaine Rodrigues. No Terça da Serra, Joyce Duarte Caseiro e Pedro de Senzi Moraes e Luciana. No Peça Rara, Marcello Lopes Correa, Bruna Vasconi Martins Correa, Bruno Nazario Martins, Gustavo Vasconi Martins e Laura Vasconi Martins Coelho. Na HCC Energia Solar, Estevan Taguchi e Luiz Alberto Wagner Pinto Junior. Guilherme Reitz na Yunga. Na Nanica, Thiago Donato Abravanel Corte Gomes, Tiago Andre Nunes Barcelo (Tito) e Leonardo Gustavo Freire de Macedo Buhrer. E Gabriel Farrel Cortes e Felipe Daniel Tito no Borda e Lenha.

Que possamos, juntos, continuar realizando sonhos e tendo cada vez mais impacto na vida das pessoas.

Você pode tudo
Copyright © José Carlos Semenzato, 2022
© Companhia Editora Nacional, 2022

Todos os direitos reservados. Nenhuma parte desta obra pode ser reproduzida ou transmitida por qualquer forma ou meio eletrônico, inclusive fotocópia, gravação ou sistema de armazenagem e recuperação de informação sem o prévio e expresso consentimento da editora.

1ª edição — São Paulo

DADOS INTERNACIONAIS DE CATALOGAÇÃO NA PUBLICAÇÃO (CIP) DE ACORDO COM ISBD

S471v	Semenzato, José Carlos
	Você pode tudo: persistência, paixão e apetite para transformar sonhos em realidade / José Carlos Semenzato. - São Paulo, SP : Editora Nacional, 2022.
	160 p. ; 16cm x 23cm.
	ISBN: 978-65-5881-141-1
	1. Autobiografia. 2. Autoajuda. 3. Motivacional. I. Souza, Ricardo. II. Título.
2022-3069	CDD 920
	CDU 929

Elaborado por Vagner Rodolfo da Silva - CRB-8/9410

Índice para catálogo sistemático:
1. Autobiografia 920
2. Autobiografia 929

Este livro foi publicado em novembro de 2022 pela Editora Nacional, impressão e acabamento gráfica Corprint.